隱形戰

中國如何在美國菁英沉睡時
悄悄奪取世界霸權

羅伯・斯伯汀
顏涵銳——譯

STEALTH WAR

HOW CHINA TOOK OVER WHILE AMERICA'S ELITE SLEPT

台灣版序

《隱形戰》的書寫雖然是為了解釋〈美國國家安全戰略〉（*US NATIONAL SECURITY STRATEGY*）而作，為文過程中我卻也對中國共產黨對台灣的滲透影響之事持續關注，而且我關注台灣的程度可能還在美國之上，因為中共積極對付台灣的手段和心態要更勝於美國。日復一日，中共不斷透過在經濟、金融和資訊上與台灣商界的連結，企圖以漸進的方式，達成中共北京當局所規劃的統一台灣大業。

我曾經和許多台灣人交換意見、再加上看到香港示威抗爭情勢越演越烈，我漸漸了解到，中共口中所想要的統一台灣，對台灣人民將會是一場大災難。「一國兩制」的政策必須用懷疑的眼光來看待，從香港的例子中，我們已經學到教訓了，中共是絕對不會讓人民有機會參與民主自決的過程。

隨著台灣越來越被拉近中國大陸，台灣和美國之間的關係也受到衝擊。〈美國國家安全戰略〉的目的是要保護美國的民主機制，方法則是要制定政策，以限縮北京政府對美國影響的程度和範圍。美國這麼做，一方面也是希望他的盟國和夥伴國，都可以仔細審視自己的國內政策，防範中共的影響。正當中美貿易大戰益趨白熱化之際，台灣更應該致力於強化與美國之間的經濟、金融和投資連結管道。

我真心希望，《隱形戰》一書能夠幫助台灣的讀者，讓他們認識到自己的日常生活已受到中共影響，也希望他們都能了解，中共這樣的滲透對台灣的民主體制深具威脅。最重要的是，我祈求上蒼，希望台灣海峽能夠長保和平，台灣的民主體制得以存續永恆。

目錄

開場白

西方知識奠基於有事實記載的文件上。西方歷史就是一部充斥各國依法行事的文件資料及編年史。在美國，資訊自由法甚至要求美國政府，到了一定的時候，就必須將政府列管的資訊公開。

但是當一個國家完全不遵守西方國家的法治，你要如何讓他的歷史和執政方向攤在陽光下？如果一個國家就是不想讓他的祕密被外界知道，你要怎麼知道他做過什麼？要是這個國家不用受任何一國的資訊自由法所約束呢？對於中國共產黨的種種事蹟和他們掩蓋祕密的系統，很久以來我一直想告訴大家，卻苦無機會。

這本書要讓這些事和祕密公諸於世。我希望以此書投桃換李，讓其他人也能和我一樣，貢獻他們所知，因為，切斷了與中國共產黨的連結，身家性命才能逐漸不受到威脅。

當然，另一種可能是，要是我們不與中國劃清界線，日後將因為中國共產黨努力打壓西方國家的規範，而讓西方國家的言論和各方面自由越來越受到限制。要是真有這麼一天，這本書、甚至美國憲法都將不再有意義。

由於我希望讓這本書盡可能方便讀者閱讀，卻又因為我為此書做了數百個訪談，其中很多對象都希望能不要洩露他們的身分，所以很多地方我不用加註的方式寫作。這本書只是記載我所知悉的一小部分，但因為情況急迫，必須儘快將中國暗渡陳倉的行徑公諸於世，所以不可能寫得鉅細靡遺。

中國共產黨的種種暗渡陳倉、掩人耳目的行徑，本書未提及的，我留待未來其他人更深入去探討、揭露、提供基本資料，共同讓我們的國家和所享受的自由，得以延續下去。

序言

對於戰術中的「掩人耳目」、「隱身之法」我可以說是略知一二。一九九八年，我開始接受B－2「幽靈」戰鬥轟炸機的飛行員訓練，這種轟炸機在全世界以「隱形轟炸機」之名廣為人知。B－2轟炸機在當時是美國空軍戰備武器中相當高檔的新式武器；他高檔，因為它樣子很炫、造價數十億美金、又是高科技，整架飛機像從未來飛來的一樣。其連續弧線設計讓它得以躲過雷達電磁波的偵測，因此可以不被敵方追蹤。也就是說，我受訓所飛的飛機，能夠達到所有軍事戰略家所夢想的境界：來無影去無蹤。

二十年後，我擔任過美國白宮參謀長聯席會議（Joint Chiefs of Staff）的首席中國戰略專家、美國國防部官員、美國駐中華人民共和國武官，最後以白宮資深戰略顧問的身分離開公職。我看到有一個國家用另一種隱形武器來攻擊美國，這讓我憂心忡忡。過去四十年來，中國共產黨演了一齣華麗大戲。劇情錯綜複雜但其實一眼就可以看懂。這齣戲的目的是要競逐控制全球和影響全世界，他要不費一兵一卒就達成這目的。

中國共產黨以完全未被人察覺的方式，不費一分一毫的開發費用就竊取大量科技，透過縝密的規畫拿下全球最大航運事業，並滲透了美國政府和企業、以及科學機構，使用美國投資人的錢當作興建自己國內工廠和公司的成本，然後反客為主，規定那些錢只能留在中國不許匯出。

二十一世紀民族國家之間的戰爭，和十九、二十世紀的戰爭截然不同了。槍砲彈藥已經不流行，現在流行的是數位和商業戰：經濟、財務、數據資訊、製造、基礎建設、以及交通。在二十一世紀，只要能控制這幾個戰線，就能不戰而屈人之兵。這是很簡單、合理的戰略手段，可是卻是西方國家元首們遲遲未能洞察的。

西方國家的政界、軍事、企業和財經界領袖都沒能識破，中共演了這麼高明的一齣大戲，這些領袖們還抱持著落伍的想法，認為戰爭是要在戰場上用槍砲炸彈開打，才算戰爭。雖然這也怪不得他們。只是中共想出了一套戰略，要用別的方法來打仗，並使用各種不同的戰術。這套戰術聚焦在竊取、威逼誘嚇、斷人金援後路、以及壟斷全球性的基礎建設，而背後目的只有一個，就是要讓中國的影響力擴及全世界每一個角落。

就像我曾經駕駛過的隱形轟炸機，中共的隱形戰術其實也不是真的可以掩人耳目，不被人看見。它其實就藏在大家都看得到地方，只是我們偏偏沒看到。我說這話，不是在指責美國某個特定政黨。其實不管共和黨或民主黨，兩黨菁英都沒能察覺異狀，不知是不是裝沒看到？但我關心自己的美國同胞，認為應該在這時跳出來，才能適時捍衛美國人民和美國建國精神。

我認為，最能威脅中共的利器是美國憲法。這一點不只中國國家主席習近平親口說過，本書中我要披露的中共內部文件也都明確指出，美國立國精神——言論自由和宗教自由，會對中共獨裁政權產生威脅。中共當局認為，這些自由思想絕對不容許在中國紮根，中國人民絕對不容許擁有這樣的權利。

中共對於美國人權法案、法律保障制度是打從心底的深惡痛絕，這一點若是教任何美國人知道，都會心裡發毛。這也是我想寫這本書的原因，我想讓這場隱形戰在全世界面前現形，讓他擘劃從六方面著手雄霸全世界的戰略公諸於世。這六方面分別是：經濟、軍事、外交、科技、教育、和基礎建設。

中國的目標是要不為人知的對美國政壇和企業發揮他的影響力，而他正步步進逼，朝這目標接近。萬一成真，我們視為理所當然的美國基本自由人權：可以任意批評政治人物或是國家政策、發表政治見解、理念、舉報、告發政府瀆職、濫權或是行政不彰、執法不力、甚至是隨口高歌、針對自己有興趣的題材深入研究、瀏覽網頁、奉行自己想要的意識型態等，都會因為是中國不容許存在的對象，而遭到撼動。

至於美國的經濟，也會在中共巧計安排下，利用美國的資本來對付美國利益，讓美國經濟持續被蠶食鯨吞。貿易條件也會越來越嚴苛。中國所持有和製造的產品會大量充斥美國市場，造成美中更大的貿易失衡，讓中共得利。就業市場和平均薪資也會持續停滯不前。美國最好的人才和菁英都會被中資企業所招攬，這些企業，本書將證明，其實後頭真正持有人都是中國共產黨本身。

到時候，美國那些有心想要站出來力抗挺中政客的政治人物，也會發現自己所對抗的對象，其實都是要不拿了中共錢、就是完全是中共的自己人，他們扮演著形同中共地下工作人員的角色，因為，中共老早就以毫無止盡的金流在控制、影響美國政府的政策。

同樣讓人聞之喪膽的，是中共同樣也在運用它的威權力量來重塑、改寫、粉飾歷史真相：西方專門研究中共這種操弄歷史真相手段的學術界人士開玩笑的將中共冠上：健忘人民共和國（The People's Republic of Amnesia）的頭銜。數位時代讓竄改歷史和創造全國性的失憶更為容易，只要動動滑鼠右鍵剪下、貼上、刪除就可以辦到。葛連・提法（Glenn Tiffert）有項研究很有意思，名為《窺視記憶的小洞》。這個研究鎖定特定中國法律期刊，追蹤其在學術性中文數位平台發表的刊物，結果他們發現，這些期刊，從來沒有專文論及法治概念受攻擊的事★。這些文章消失在學術文件中，顯示中國正在想辦法要將自己形塑成一個尊重法治、有公平正義的國家，所以才不允許這些討論到不法情事的文章。提法在該文寫道：「說簡單點就是，中國政府動用科技的力量，將其國內的審查手段輸出到國外，他操弄各地觀察家，左右他們對中共過去、現在及未來種種作為的看法，在這些西方觀察家完全未同意的情況下，讓他們共同加入漂白中共黑歷史的行動，協助將中共自我美化的說法全球化。」

如果讓中國達成目標，這樣下去，美利堅合眾國將失去撐起這個國家的所有基本原則。

上面這些描述，是已經籠罩著我們，只是還未到的恐怖未來。不要以為這是個**假設性**的問題，不是的，要是不加以防範未然，這一天**只是早晚的**問題。中共在全球的戰略布局已經進行數十年了，在現任領導習近平對權力渴望的帶領下，中國正在加速這個撼動全球行動的腳步，希望更快速成為全球科技領頭羊，搶下無線通訊全球市場，並將其集權式社會控制的手段輸出給開發中國家的領導人。

本書的目的不只在敲響警鐘，也希望能夠集結眾人起而戰鬥，因此，書中會詳

★**譯注：**對於法治概念的攻擊（attacks on the concept of rule of law）是在論及一個國家的民主制度是否完整的標準，法治的三個基本原則是法律至上，誰都不可高於法律；第二個是領導人不得起訴政敵或批評者；第三個原則則是領導人要尊重司法的獨立性。這三者若遭到攻擊，則顯示一個國家是獨裁或是在獨裁邊緣，因為就不是法治，而是人治（rule of man）。

述該如何戰鬥，指點美國及其他自由世界國家該如何作戰，進而瓦解中國的隱形戰。我希望藉此可以捍衛美國和世界過去二五〇年來穩定進步的基本價值，也就是由美國總統羅斯福（Frankling Delano Roosevelt）和英國首相邱吉爾在《大西洋憲章》（Atlantic Charter）中所高舉的四項基本自由：言論自由、宗教自由、免於匱乏的自由、和免於恐懼的自由。

所以，我要請大家將此書視為導讀入門，以初步了解中共如何進行這場戰爭，並知道該如何一步一步遏阻其控制西方國家的腳步，同時這本書也是讓人聞之色變的警訊。要是我們再不即時作出反應，並果斷捍衛美國的經濟、安全、制度、以及我們的自由社會、我們將會淪落到跟中國現在一樣、惡夢般、難以想像的反烏托邦。我們的生活、思想、眼中所見、口中所說全都會被一個集權的異國所監控。只要這個國家不喜歡我們的任何言行舉止，就可以採取行動來對付我們。

有些不信邪的人可能會說我這本書太小題大作，杞人憂天。我以前也有他們這種對於危險視而不見的盲點，但我好好檢討過自己為什麼從前會對中共的進逼如此盲目，也分析探討過其他國家為什麼也同樣看不透的原因。現在我歸結出原因了，部分是因為自大——我們對自己和我們的制度太過於天真的自信。我們過去一慣相信，美國不管是在社經模型、軍隊、以及政治模型上，都是全世界最好的，這讓我們始終自信可以克服所有的挑戰。但這樣的自信已經被證明是過於短視了。我們至今還有同樣的盲點，而且還變得更大，因為中共是受過高明訓練的專業騙徒。

一方面，美國也因為自己的貪婪和全球化的大夢，沒能識破中共這些行徑，我們一直洗腦自己，認為只要有自由貿易，就能夠自動瓦解中共威權的枷鎖，為民主鋪路。廉價勞工、低廉貨品、股價飆漲等保證聽得人目眩神迷，可是所付出的代價卻是自廢武功，把美國製造業的技術和領先地位拱手讓人，失去美國的獨立性，背叛百姓，害他們找不到工作。到頭來，我們根本就是被耍了：拿錢去投資在一個明令金錢不得匯出的集權國家，基本上就是自己把錢包打開任人扒，或者說實在點，根本就是打開美國國庫，隨便人家搬。

現在，美國、其他西方國家、各個民主國家，都面臨了二次大戰後最大的挑戰，這個挑戰將會危及美國和全世界。但願本書，以及被書喚起的大眾，還來得及阻止這頭集權的猛獸、以及它正在對我們發動的隱形戰。

第一章・超限戰

二〇一六年到二〇一七年間的十二個月過程中，我費了很多的心力在和美國首府華盛頓的一家智庫機構談合作。我的目標是希望能夠說動該智庫進行研究，調查中國共產黨在美國公私立機構組織的影響力。我希望這份調查能夠採用具公信力、不受到兩黨立場所左右的方式，揭露中共各種在美行動。我想知道中國的外交官、投資人、以及企業界人士，如何擺布美國的企業界菁英？中共是否和美國企業內部董事有所勾結？他們看重的是美國哪些企業類別？他們涉入美國企業又有多深？最重要的是，他們是否已經成功讓美國公司為中共效力、而非美國？

我經過精挑細選才找上這家智庫。因為它是美國排名前五大智庫，在政治、國際貿易和國家安全等方面所制定的策略，都深受敬重和推崇。我前後和他們安排了多次會面討論這個計畫，深信所有工作都已上軌道而且在進行中。我也和他們討論過這個研究的重要性，他們知道研究結果將能讓企業界和投資人重新改觀，也會讓美國開始制定新政策，並改革國防安全方針。在計畫成形前最後階段的意向聲明中，為了讓一向很有金錢概念的智庫心裡有底，我還特別安排讓整份研究靠捐款資助，不必花該智庫半毛錢就可以進行研究。

我的遊說收到成效，也找到資金來源，接著某個禮拜五，我接到通知，說該智庫老闆願意放行該計畫，我樂壞了。

該智庫的總裁是美國華府權力核心人物，原本是政府官員，轉任到權力和影響力極大的現職。可是他在三天後的週日傍晚忽然打電話給出資者，說：

「我不是很確定這個研究適合本智庫。」意思是他要終止該計畫。

他沒有說明原因，但等我一查該智庫背後的董事會名單後，他做這個決定的原因就昭然若揭了。該智庫背後的出資人全都是親中的美國政府高層和華爾街菁英，其中還有不只一名董事是世界知名人物，其他董事也都是坐擁數十億美金身家的投資公司老闆。這項研究不適合他們，原因在於為該智庫出資的人，全都靠中國盈利。同一批人，也是坐視種種中國內部恐怖消息卻拒絕對中國採取行動的人，他們對報紙斗大頭條報導有關中共惡劣行徑視若無睹——像是摘取犯人器官、將兩百萬穆斯林維吾爾族人關進勞改營、單方面剝奪數百萬香港市民的公民權等等新聞。

該智庫所發生的事並不是單一事件。

二〇一七年我進入白宮，任職於美國國家安全會議時，接見會和中共接觸的美國機構一事被我視為當務之急，這些機構包括頂尖智庫、非政府機構、律師事務所、會計師事務會、公關公司等。當時我亟欲借重他們幫我揭露，北京當局是用什麼樣的方式對美國國內發揮影響力，又如何縱容、暗助非法行為。而且我也希望能借重他們的專長，讓我可以擬定一些策略，好對抗中國種種不法經濟手段。

可是我的一腔熱忱卻換來一次又一次的挫折。

這些機構的成員雖然會和我見面，有些甚至認同我的擔憂，但卻都異口同聲說他們愛莫能助。裡面說話比較直接的人跟我說，如果他們幫我，會惹惱中國出資者、或是中方企業。在我任職白宮的那段期間，這些機構都拒絕與我在公開場合有互動，數量之多讓人不敢想像。裡面包括聲名卓著且歷史悠久的紐約法律事務所，連原本就是為了推廣民主、自由和人權而成立的機構，都拒絕提供我任何協助。

這樣的情形真是太諷刺了。我的工作是要教導美國人，了解中國如何運用金錢攻勢來影響全球政府和私人機構，以便改變政治和經濟情勢，讓他們從中得利。但這些機構卻早就已經被中國金錢攻勢所左右，所以在懼怕失去中國金援和商業利益的情況下，全部拒絕幫我揭露中國怎麼運作這個手法。

我原本懷疑是中共陰謀滲透美國，沒想到，竟是美國高層主動和中共**結盟**。許多美國政界菁英都視中國為合作夥伴，無視中共對西方宣戰的事實。美國那些遊走中美之間的權力掮客短視近利，只想從中國身上獲取短期利益，卻沒看到這對美國長遠的影響。不論持哪一種政治信念的美國人，只要是愛這個國家的，看到美國和中國之間錯綜複雜的關係，恐怕都會擔心且嚇出一身冷汗來吧。

這種為利益與中共合作的情形兩黨皆有：不管是左派或是右派的美國政界重要人物，全都深受與中國有關的短期利益所吸引。其中一位讓人料想不到的人物就是參議院多數黨領袖麥康諾（Mitch McConnell），眾所周知，他是總統川普保護主義的反對者，但他一家卻和中國的權力高層有著緊密的連結。一九九三年麥康諾娶了趙小蘭（Elaine Chao），趙是小布希（George W. Bush）總統任內的美國勞工部長，也是目前的聯邦運輸部長。趙小蘭的父親趙錫成（James Chao）是航業豪門之後，在上海交通大學就讀期間是江澤民的同學，江是中共一九八九到二〇〇二年間的中央委員會總書記。趙錫成一家日後遷至台灣，後定居美國，在一九六四年在美國創立了福茂集團（Foremost Group），旗下有航運、貿易和金融等事業體。趙錫成和老同學始終有聯絡，所以當江澤民當上上海市長後，趙錫成據報向上海國營造船廠下訂單，預訂兩艘船。根據二〇〇一年五月十六的南華早報（*South China Morning Post*）的報導，趙江二人經常會晤，「因為船隻經常租給中國遠洋（Cosco）和中外運航運（Sinotrans），趙先生和北京之間的商業連結日益深固。」

但雙方這樣的關聯著實讓人不安。趙小蘭的家族成員，包括他父親趙錫成、趙小蘭的妹妹趙安吉（Angela Chao）——趙安吉是福茂集團現任執行長，過去幾年來她們先後捐了至少一百萬美金給麥康諾的競選總部，《紐約時報》在二〇一九年六月二日曾經有一篇文章報導趙家如何從與中國的生意往來中獲取利益。根據麥康諾二〇〇八年參議院個人財產申報，他和妻子趙小蘭所收到的餽贈金額位於五百萬到兩千五百萬美金之間。麥康諾的發言人則向媒體解釋，這筆意外之財來自趙小蘭母過世親的遺產。任教於聖路易華盛頓大學的法律教授凱瑟琳・克拉克（Kathleen Clark）是專研反政治貪汙的專家，她對《紐約時報》說：「中國是美國戰略敵對國，但這個家族卻和對方有著財務上的連結，這讓人免不了要質疑，當趙小蘭要做與中國有關的決策、或是在針對有關外國和美國安全政策給總統建議時，她會不會受到家族和財務上與中共的連結所左右。」

事實上，麥康諾很明顯已經私下和中國有很緊密的連結。二〇〇一年的《南華早報》就報導：「趙小蘭女士和麥康諾先生在一九九三年二月結婚，十二月時他們夫妻曾與江澤民在北京會晤，席間趙小蘭的父親也在座。」

麥康諾的岳父身家中有數百萬美金是交代不詳、來源成謎，據推測他這數百萬身家部分很可能是靠與中共前總書記江澤民的關係賺來的。可是，二〇一六年，川普才剛當選不到幾天，中國銀行（Bank of China）的董事會就宣布任命麥康諾的小姨子趙安吉為「該銀行的非常務董事」。這還不是她第一個在中國接下的要職，之前她已經和父親趙錫成共同擔任中國船舶（CSSC）的董事，此事載於彼得・史懷哲所著《祕密帝國》（*Secret Empires, Peter Schweizer*）一書。中國船舶全名中國船舶工業集團（China State Shipbuilding Corporation）是中國最大的國防工業承包商。美國參議院多數黨領袖的小姨子和美國頭號商業死對頭的企業領袖會面，還擔任其國營銀行的董事，光想到這些，就不禁讓人心生恐慌。

只要是堅信決策過程應該以美國人民利益為優先的人，一定會非常顧忌這點，但這正是中共影響美國計畫裡最完美的方法。趙小蘭出任小布希總統勞工部長的時期，正好也是美國數百萬工作機會消失的時候，而趙小蘭本人家族中又剛好有人是當時中國最高領導人的朋友——這樣的關聯性，小布希總統政府中有任何人曾感到不解嗎？

更讓人憂心的是，當年靠著和中國最高領導人交情好而得以在船運發大財的人，他女兒現在就掌管美國運輸交通部。這真的讓人緊張，因為中國現在就是積極想要掌控全球航運和航空產業。趙小蘭自己娘家和中國的連結，不論財務上的、歷史上的、情感上的，都讓她和她父親容易遭到中共的擺布。

民主黨員也沒有比較乾淨。根據《祕密帝國》這本書，杭特・拜登（Hunter Biden），也就是美國前副總統喬・拜登（Joe Biden）的兒子，他和上述的中國銀行合作，創了一個十億美金的投資基金，名為「渤海華美投資基金管理有限公司」（Bohai Harvest RST）。史懷哲的書披露，在二〇一三年十二月初，杭特．拜登和父親喬．拜登共同搭乘美國空軍二號專機飛往中國，副總統喬．拜登名義上造訪中共領導階層的同時，兒子杭特可能也安排了其他私人的拜會行程。兩人造訪北京十天後，上述這筆「由中國政府所支持」的十億美元資金案就拍板定案了。二〇一九年七月七日，《紐約客》（*New Yorker*）雜誌一篇文章報導：「該筆交易其實早在兩人北京行前就已經簽定」、「在不久後即」獲得營業許可。這筆交易的種種事跡，從涉入的人、時機、到金額，處處都透露著不當外力操弄的痕跡，這些外力包括中國政府、和身為美國政界高層領袖的兒子，這位高層充當權力掮客，而他兒子則藉機牟利。

史懷哲在二〇一九年五月十一日為《紐約郵報》（*New York Post*）所寫的一篇聯合刊載文章中寫道：「這樣的搭配以前可沒見過：中國政府身為美國最強悍競爭對手，竟然會和美國政界最具權勢的決策者的兒子攜手做生意。」

可是出人意料的是，副總統喬．拜登本人對兒子和誰合夥做生意，似乎一點意見也沒有，也似乎完全不怕這些交易會引來外界的不良觀感：被懷疑他可能接受賄賂、有人拿錢打通關、特權、更不用說公器私用拿空軍二號去談私人生意等。不過話說回來，拜登會這樣也不叫人意外，畢竟他為中國抬轎也抬好幾十年了。在二〇〇一年，他就積極動員促成和中國的「永久正常貿易國關係」（permanent national trade relations）。最近拜登的競選行程上所發表的許多言論，也一再顯示，他至今依然對中國肚子裡打西方什麼主意一點頭緒也沒有。他曾這麼說：「中國會搶我們的飯吃？拜託喔，各位，中國連他內部巨大的分歧問題都不知怎麼解決了，對於政府的貪腐問題他們也是束手無策，這些人不是壞人，各位，跟你們說啦？他們不是我們對手啦。」

當一個國家給你兒子和他的生意夥伴十億美金當投資基金，我想任誰都不會把他當對手看吧。但藉此讓美國只看到眼前的好處，卻忽略長遠的影響，正是老奸巨滑的中國在打的如意算盤。

上述這個例子，讓我們看到中國和美國政治高層之間的關係是怎樣的錯綜複雜，但影響所及卻又是怎樣的危機四伏。政界還只是其中一斑，華爾街的股市巨頭也同樣墜入中共的迷魂陣中。華爾街主要投資公司的經營人現在都成了盲目的中共擁護者。黑石集團執行總監史提芬・舒瓦茲曼（Stephen Schwarzman），和龐大的橋水（Bridgewater）避險基金董事長雷・達里歐（Ray Dalio）等人，都將中國說成是只會帶來利益、沒有任何問題的經濟大國。從收益的角度來看，他們這種過於樂觀的態度說得過去，經手數兆美元的交易案和債卷所賺取的佣金和手續費讓人驚豔：聖路易聯邦銀行的研究單位估計，光是二〇一七年保單收益就高達147,917,000,000美金。鼓吹交易中國股票和債卷，可以讓他們在保險以外賺更多。中國同時經常是華爾街證券交易所的背後出資者和客戶。道瓊指數指出，中資公司，包括中國投資有限公司（簡稱中投）和中國國家外匯管理局這兩個國家機構，都在橋水現有的避險基金中投資數十億美金。

科技業也是中共的目標。雷・賓漢（Ray Bingham）曾任科技業巨擘甲骨文（Oracle）的董事，現職為美國晶片製造商賽普拉斯半導體股份有限公司（Cypress Semiconductor Corporation）執行總裁，他在二〇一六年受雇於凱橋（Canyon Bridge）這家私募基金公司，該公司是由國新啟迪基金（China Reform Fund Management）這家中國國有新創公司出資創立。賓漢給賽普拉斯股東的信中報告，賓漢的簽約獎金是一二〇萬美金，年薪兩百萬美金，外加可以從凱橋營利業務所得抽兩成的「附帶權益」（carried interest，專指事業合夥人可以從所有交易中抽取佣金，不管他有沒有經手）。中共直接投資的企業找到像賓漢這麼熟悉美國科技業的人來擔任管理者，等於是在美國找到一個深入敵境的斥候，成為他收購美國科技並帶回中國的戰略指導。賓漢也真的不負中國所託，他上任第一個動作就是回頭收購他的前雇主，還好因為國家安全考量，這個收購案被踩了煞車。

中國和美國高層偷來暗去的案例中，上述不過是能見度較高的幾個，這些高層都是為美國在全世界擬定重要政策和重要金融決策的人。然而，也是他們一手助長美國和中國的連帶關係，這些決策，對美國公司有著直接且嚴重的影響。

什麼樣的影響？簡單來說，根據美國經濟政策研究所（Economic Policy Institute, EPI）在二〇一八年所作的《中國傷害加劇》研究，從二〇〇一年到二〇一七年，因為美中貿易活絡，有三四〇萬在美工作機會消失。中國就是在二〇〇一年加入世界貿易組織（World Trade Organization, WTO），從那時起，根據經濟政策研究所的調查，美國與中國的貿易赤字就節節高漲，這樣的中美貿易失衡帶來的國內衝擊足以動搖社會根本。該研究發現從二〇〇一年到二〇一七年，美國平白少掉七成五的工作機會，等於是二五〇萬個工作（這是用出口衍生工作總數扣掉進口衍生工作總數而得到的數字），這些工作都在製造業。這二五〇萬失業人口可不是小數字，幾乎等於休士頓市全市。美國人通常說到景氣不好，會聯想到從前的經濟大蕭條時期，但根據美國資訊科技與創新基金會（Information Technology & Innovation Foundation）的調查，公元兩千年這十年間，「（五七〇萬筆製造業的工作）總體製造業就業機會減少的比例（33%），要比當年經濟大蕭條時（30.9%）高。

美國經濟政策研究中，處處可見各種讓人擔心的數據，包括他們發現，在二〇〇一到二〇一一年間，美國對中國的貿易赤字，造成直接受到衝擊美國勞工的薪資平均一年減少三七〇億美金。該報告同時也相當深入記錄中國「扭曲貿易的情事」：像是「讓煉鋼業、玻璃業、紙業、混凝土業、和再生能源產業成立大型子企業，並且迅速擴大其國營企業，藉此讓這些產業的大量超額生產能力大幅提升。這些超額產能所產生的貨物供應量，遠遠超過中國的消費市場所能消化，為了要應付這些過度供應，中國將之傾銷到海外，而主要進口國就是美國」。

我在這裡提到的那些美國政界高層和財經界要人有一個共通之處：他們全都因為錯誤的假設而走上這條路。他們誤以為和中國打交道，不過就是正常自由市場競爭。但他們沒能看到中國共產黨並沒有按照國際法來管理，反之，它將之當成是一場戰役來進行，而這場仗，美國已經連續好幾十年的都打敗仗了。結果，美國的公民、城市、還有美國本身都因此受傷慘重。我們越晚察覺中國在智慧財產和科技上竊取數十億的事實、越晚看清中國多年來在盜版和違反版權法的行徑、越晚認識到中共封閉的經濟模式、貨幣的人為干預、以及其不斷對美國政界的影響等數不盡的作為，那美國所面臨的危機就會越來越擴大，不可能減小。就在我們對中國依然毫無警覺的同時，我們的國家正一步步走向喪失獨立性和自由的地步。

這些政界和財經界的高層，都沒能意識到，美國正在輸掉這場隱形戰。

▼中共的全球戰略——超限戰

中國共產黨的終極目標，是即使美國位高權重、人脈星羅旗布的大人物都沒有意識到的，而其中有些人毋寧說是刻意放水。這個目標就是，中國想在各方面都壯大起來。中共認為自己壯大的最大障礙、最大威脅，就是美利堅合眾國，也確實如此，只要美國一日擔任全球經濟和軍事的盟主，這狀況就不會變。中共的目標和最大挑戰就是要取代美國在世界舞台上的地位——中共內部的文件說得很明白。

把中共這個意圖說得最清楚，也最重要的一份著作，應該就是一九九九年所發表的《超限戰》（*Unrestricted Warfare*）這本書。該書是由兩位中共人民解放軍的資深軍官喬良和教授王湘穗合著，全書點出中共所採用來改變全球權力平衡，以讓中國得利的各種戰略。這本書應該列為美國政府各級單位和企業領導人的必讀書籍，因為該書非常明白的點出中共全球政策所採用的戰略。這裡摘錄其中一小段讀來讓人背脊發涼的一段話：

新的作戰原理已經不再是「用武力手段強迫敵方接受自己的意志」而是「用一切手段，包括武力和非武力、軍事和非軍事、殺傷和非殺傷的手段，強迫敵方接受自己的利益」。

《超限戰》這本書不是寫來供人消遣的床頭讀物。這是一本資訊量很高且複雜的讀本，裡頭將戰略、經濟、社會理論和對於科技正確清楚的觀察結合在一起。這本書寫得非常出色，可以說是我們這一代談論戰事著述中，最重要的哲學性和戰略性書籍。該書原本只在中國發行，成為中共黨內被廣泛傳閱的一本書，在當代中國學者之間，此書也廣為人知。但或許因為此書過於複雜，西方國家始終沒有將書中談論戰略的種種思維，和中國實際在國際間所進行那種看似溫和的笑臉外交、卻笑裡藏刀的行徑聯想在一起。

中共所覺悟到的也正是《超限戰》一書中所披露的，就是國家不再需要靠大型的軍隊去打仗，去控制別國的人口、資源和政府。軍武實力不過是侵略手段的一種形式，要獲取實力還有許多別種管道。對中國而言，經濟實力可以強化所有其他方面的實力。也就是說，金錢可以壯大軍隊，也可以壯大其他想得到的領域。可以用來影響、左右其他國家的政治領袖、消弭異議、收購或竊取高科技。也可以用來製造廉價到不行的商品，藉以讓市場上其他的競爭者都沒生意做，或者削弱敵國的經濟產能。也可以用來組織一支御用學者大軍，靠他們四出幫你搜集科學、高科技、工程情報，來幫助你在其他目標方面取得進展。

從《超限戰》一書縝密的觀點來看，很明顯，美國的各界菁英都未能洞悉這個事實，那就是中共領導人口中所稱的自由貿易和全球化，全都只是嘴上說說，事實上他們在做的事，全都無視從事自由貿易所必須遵守的相關法條。中國歡迎各國前去投資，但卻不許投資人將投資所得匯往國外。中國企業在全球各地開設商店，但集權的中共卻對想在中國發展的外國企業處處設限。

打從冷戰結束後，西方各國領袖都相信一套經濟理論，認為自由市場能夠帶來更多的財富。這個概念又和現代化理論合併，從社會學角度出發，認為民主體制是經濟成長的必然結果。這個理論的支持者西摩．黎普賽特（Seymour Lipset）這樣解釋這個理論：「一個國家越是富裕，越有機會可以維持民主體制。」

換言之，自由貿易可以帶來財富，財富則會帶來民主體制。這是湯馬斯．佛里曼（Thomas Friedman）著作《地球是平的》（*The World is Flat*）一書的成書概念。也正是這個理論，讓美國各方菁英和中國共產黨在商場上結盟。

當今的世界秩序，是由邱吉爾和羅斯福在一份文件中所揭櫫的，而同一個世界秩序也成為我們所認識的社會秩序的雛形，構成這個世界秩序的力量，停留在美國各界菁英過去所理解的樣子。邱吉爾和羅斯福所擬的那份文件是《大西洋憲章》，一份僅有一頁的文件，但其中的重點成為其後七十多年各國在國際間的行為規範，也成為其他知名組織如聯合國和世貿組織成立的基礎。

這份憲章共有八個條文，但其實主要是以四個原則來建構國際體制：1.自由市場、2.民主原則、3.法治、以及4.自決。美國菁英相信靠這四個原則，將能夠帶領中國最終走向民主。

可惜的是，黎普賽特和許多西方國家人士沒能看透集權體制的中國共產黨那無可救藥的棘手本質：它將民主體制視為其存在的根本威脅，還想了一套方法來玩弄自由市場體制，不遵守其運作規則。中共認為可以藉由讓西方國家領袖相信自己認同建構世界秩序的上述原則，然後自己再暗地裡用自己那套方法來破壞這個秩序，最後他就可以反敗為勝，爬到西方國家頭上。

二〇一七年，中共國家主席習近平前往瑞士達沃斯（Davos），參加一年一度的世界經貿論壇，這是推動全球化的源頭。在論壇中他宣稱：「藉由開放和拒絕保護主義，我們要致力於開發全球自由貿易和投資，提倡貿易和投資自由化和簡單化。」

這話聽來好像是他已經全盤接受西方的觀點，但正是在這上頭，讓中共得以扮豬吃老虎，用不為人知、狡詐、有效率的方法影響操控他國。

且聽我道來。我們開戰鬥機的，在空戰時，同機的飛行員有所謂「意念同步」（mental model）的說法，靠這個方法可以讓兩名飛行員在戰鬥過程雖然無法溝通時，還能完美的搭配出擊。為了要達到這樣的意念同步，只聽懂對方的話是不夠的。我們的企圖，所想要達成的目的和要怎麼成功執行計畫的反應，都要能在對方心裡一目了然、開誠布公。

在達沃斯論壇上，觀眾耳裡聽的到習近平所說的話，卻看不到習近平心裡的企圖。他們以為習近平的意思是他同意全球化的基本原則——這是他的欺敵之計。可是當我們剖析他的話中真意和弦外之音時，這才明白，原來習近平根本就沒有承諾**任何事**。他完全沒有提到自己會遵守國際法，也沒答應說會改革國內金融政策，讓外資在中國的獲利得以匯出中國。習近平話裡說的「不要保護主義」話鋒指的是誰？可不是他自己，中國經濟政策本身走的就是徹頭徹尾的保護主義。他話裡的意思是，西方國家不該行保護政策，因為這才是中共想要的。這位中國領導人其實正在偷偷的破壞自由貿易和全球化的規則，卻裝作一副自己很贊同的樣子。

習近平和中共巧心設計一套精明的戰略，將一群完全不知情的盟友請入甕中：這些人就是美國各界菁英。現在大家應該已經知道，飛行員空戰時，要是遇到隊友沒和你達到意念同步時，會出什麼大錯了吧：大家手忙腳亂。當今的世界局勢也正在發生同樣的事，這也是為什麼我要撰寫此書的原因。

習近平在達沃斯論壇所講的那些話，真正的意思其實是他希望西方國家開放和中國做生意。但他口中雖然宣稱同意西方普遍奉行的經濟和社會理論，但其實他心裡奉行的卻是中國共產黨自己的理論，他和西方國家並沒有意念同步，他嘴裡說的是一套，但手上做的卻是另一套。西方國家所奉的那套劇本：自由貿易帶來財富，財富帶來民主，他嘴上看似奉行，心裡真正的那套劇本卻是要利用全球化和網路，讓中共踩在西方國家的頭上往上爬，他要用西方國家的資本來資助中國的經濟、軍隊、科技發展，藉此讓中國共產黨在全球的實力大幅提升，能夠呼風喚雨。

習近平嘴上說的是美國菁英想的那套劇本，讓他們誤以為雙方是站在自由貿易的公平平台上做生意，誰都沒占誰的便宜，但實質上卻將這些菁英收編為己用，請君入甕，為中共的利益作巧飾，扮豬吃老虎。而且，因為中共實質上掌握全中國的荷包，所以他可以隨意支用中國的金錢來支付高額酬勞，誘使美國菁英甘於為中國作嫁，也肥了他們這些人的荷包。

這可是一套完美無瑕的戰略：向敵人保證短期獲利，讓他們幫你成為世上最富強的國家。過去四十年來，美國各界菁英都在搶搭這賺中國人錢的頭班車，還一副好像這是最美的夢想一樣：一邊發大財，還能促世界民主和平。

所幸，有樣東西會讓他們做不成這千秋大夢：那就是美國憲法。美國憲法保障國民有各種自由，包括投票的權利，這個概念是獨裁的中國共產黨政權永遠也無法想像的。美國那些因為中國征服世界遠大夢想而失去工作的三四〇萬失業人口，再加上他們的家族成員和親朋好友，決心讓大家知道他們受夠了。管他經濟學或社會學講得多頭頭是道，這些美國人想讓大家聽到他們的心聲，而美國的領導人中，也的確有人聽到他們的吶喊，所以才會在二〇一六年總統大選時讓我們看到這樣的聲音開始匯聚能量。兩黨的總統候選人，不管是民主黨的桑德斯（Bernie Sanders）和共和黨的川普，都不約而同的聚焦、關注因為不公平自由貿易而被背叛和犧牲的選民，他們稱此為美國經濟的「中國強震」（China Shock）。同樣的情形也出現在二〇一八年的美國期中選舉，候選人紛紛發表政見，要求政府給這些因工作機會移往海外而失業的人更多支持：調高最低薪資、改善健保。

這本書是為了上述這些人所寫，也是在寫他們，他們渴望能夠重返以前優渥的生活，那是在美國的菁英還沒有敞開大門歡迎敵人進入世貿組織，闖進他們的生活之前的優渥生活。接下來的幾章，我要一一道來，陳述美國是怎樣一步步踏上錯誤的道路，而又該怎麼做，才能將它導回正途。當然，這本書就如同書名，是要講中國的隱形戰，中國怎麼擺布、誘騙美國的菁英，這部分當然非常重要，但這只是其中的一部分。本書涉及的還有，美國要怎麼打贏這場仗？怎麼組織更好的工會？建立更完美的正義？以及維護國內平靜，怎麼提供國民全面性的國防設施以及提升整體的福利。

但本書最大的部分是在探討，要如何預防一個混亂反烏托邦的未來，保障我們和後代子孫一份珍貴難得的自由。要知道的是，想阻止中共這場超限戰，我們只剩約三年時間可以動作。再不趕快動作，塑造今日美國的那些自由理念：定義自由和獨立的概念，都將在一個一心只想建構自己實力的集權政府手中破壞殆盡。

這個集權政府所想要的實力，正針對美國而來，而且是以會影響所有人各個層面的方式而來。當中國成功誘使美國出錢投資，那些投資在中國的錢，全都是原本會投資在美國國內的錢。這些資金原本是可以投資在美國的資金，是可以創作許多就業機會的資金。當中國公司盜版由美國公司在美國開發的電子產品，接著將之出售獲利，等於是盜取那家美國公司而獲利，真正花錢投資研發該產品的卻是那家公司。這種侵蝕美國企業獲利的情形還有其他方面的影響，那就是造成工人失業，政府減少稅收以及未來獲利。中共的作為和不守規範，不只對美國企業或製造商造成傷害，更等於對我們社會整體發動攻擊。

這一點是美國公民應該有所覺悟的。

第二章・我們怎麼會落到這個地步

中國共產黨對美國和其他西方國家所發動的這場隱形戰，規模之大、涉及層面之複雜，是連每天追蹤報紙頭條的讀者都難以完整參透的。中國這場隱形戰悄悄打了不只數月，也不是數年，而是數百年了。中國人在歷史觀、戰略文化、以及政治思想上浸淫的時間，要比美國或任何西方國家存在的時間都要來得更久，要是我們繼續無視於中國本質上與我們不同的事實，那就會兵敗如山倒，因為這正是左右這場隱形戰勝敗的關鍵所在。

在西方的民主體制，我們講究法治，領導人由人民選出，其功能是立法。政府機構負責修訂法條、實行法條、並執行法律。法律是國家中最高權力所在。理想上，也會有制衡機構和監察機關來讓人民確實遵守法律。

但在中國，他們施行的是「法制」（rule by law）。在美國人民享有合法程序，保障他們可以依法行使權利，政府必須予以尊重，在美國立法、執法和修改法條都要依非常嚴謹的規範進行，但中國則跟我們不一樣，法律是中共在訂，中國的人民完全沒有置喙餘地。法律是訂來管他們的，法律有問題的話，他們也無處可申訴，法外無法。法律是看中共意思在訂的，人民沒有權利質疑或挑戰法律。因此在中國，最大的是中國共產黨。

那中共靠什麼原則在運作？它這套獨裁政體建立在什麼樣的模型上？一個國家又怎麼會想出這麼一個長遠的計畫，然後亦步亦驅的照著計畫走？答案就藏在中國的歷史裡，在它的戰略文化裡、在其對於權力和競爭的看法裡。

中國的戰略文化與儒家對於階級、以和為貴、責任態度有關，同時又攙雜了儒家對於取得權力、財富和影響力的務實觀劃分不開。這一套戰略文化認為，時間是有生命的元素，有興有衰。應該追求對多數人有利的事，忽略少數人。動武並非是為達目的的手段，而是不論如何都必須的手段。經濟上的裙帶關係、財富上的競逐、以及資訊的運用可以創造影響力。影響力則是僅次於實權的好東西。

中國有著五千年的帝國統治史，朝代興衰更迭。其中有些朝代是史上最龐大的帝國，本身就是複雜、留下深遠影響且非常強大的社會。大約在公元前七七〇年時，周朝由盛而衰，代之而起的就是春秋戰國時代，群雄四起交相攻伐，各種戰術、合縱、連橫、密探、背叛，全都以謀取權力和控制為目的，就像《冰與火之歌》（*Game of Thrones*）的真實版一樣。

春秋時代大哲學家孔子對於中國文化有很大的影響，他當過老師、法官（司空）、和國家的司法官員（大司寇），相信教育具有啟迪人心的力量，認為教師和學生應負起改善社會的責任。

戰國時代的政治孕育出中國在西方最知名的一本書《孫子兵法》，這是由當時的戰略家孫子所著。中國歷朝歷代的軍事將領都曾經研讀此書，而且連外交家、哲學家和生意人也都鑽研此書，這正證明孫子這本著作有多不凡。此書雖論戰術，但卻花了很長的篇幅在探討如何不涉入戰爭來增強國力。孫子此書的言下之意是，中國社會重視高度激烈的競爭，以此當作手段，以求不用涉險交戰而能達到目的。

了解了這些背景，在《孫子兵法》問世兩千年後，中國會把不戰而屈人之兵戰法發揮到極致，以追求國家終極目標，這事還會讓人感到驚訝嗎？

▼大戰初起

毛澤東在一九四九年取得政權後，終結中國內戰、創建中華人民共和國和中國共產黨，中國開始蘊釀一個計畫，打算開始進行一場「百年馬拉松」。這個計畫是要讓中國重新回到世界地圖上偉大帝國的地位，是一個充滿雄心壯志但卻看不出具體細節的計畫。在這個計畫之外，毛澤東和貧窮中國還有一個強烈的動機，驅使他們朝這個方向前進，那就是一股向當前世界秩序復仇的欲望。毛澤東認為過去百年來中國所遭受的不公平待遇，包括鴉片戰爭英國海軍摧毀中國海港，清朝亡於一九一二年，以及日本占領韓國和滿州，是所謂的「百年屈辱」。中共在中國不斷的醞釀人民對這些國恥的不滿情緒，視其為無法痊癒的創傷，並對幼稚園到大學的各級學生灌輸這些觀念。

這場百年馬拉松一開始並不順利，中國經歷痛苦而緩慢的成長，中國和同為集權主義的共產黨表兄弟蘇聯走在一起，蘇聯自己的資源和生產力都相當有限。一九五八年毛澤東推動「大躍進」，打算讓原本以農務國的中國改頭換面，走向工業化國家。但這個計畫畫虎不成反類犬，因為乾旱、缺乏生產力，還有一連串的失策，導致四年「大饑荒」，死了千萬人。

一九六六年，毛澤東又利用中國共產黨發動所謂的「文化大革命」，這是一連串冷血的清算鬥爭，目的是要剷除中國傳統中國社會和資本主義的遺毒。教師、生意人、知識分子、宗教領袖、公務員全都被打入監牢和下放勞改。許多公民在過程中被公然羞辱、斥責，人民的家產遭到充公強取。許多人遭到強迫遷離，更多人受到酷刑、折磨和處死、甚至還隨處可見大規模的屠殺，數百萬人口就這麼憑空消失。

文化大革命的恐怖，是一個共產集權政府錯亂失據的表現，但對美國人而言卻是難以想像的。這場動亂影響所有中國人。身為中國異議人士、也是記者的龔小夏經歷過這個時期，對這段遭遇終生難忘。當時她還是個小女孩，和家人住在廣州四十個單位的公寓裡，親眼見到爸媽和許多鄰居就這麼被帶走。她回憶：「有一段時間，我們這整棟大樓裡就只有一個大人在，剩下的全是爸媽被抓走的小朋友和十多歲的青少年。」

一九五〇和一九六〇年代這段期間，中國都是東西冷戰無聲的參與者，相較於他的夥伴蘇聯的超極強權，中國完全是一個無傷害力而且落後的小老弟。雖然在韓戰和越戰中，其實中國都在背後扶植兩國的共產黨，中國的擴張主義作風卻是非常遮遮掩掩而有所限制，其帝國主義的大夢也沒有那麼堂而皇之、肆無忌憚。相較之下，蘇聯在領土的擴張上就要更明目張膽，他派遣軍隊，提供武力協助給許多非洲國家，包括安哥拉、伊索匹亞、還有索馬利亞；也在古巴扶植卡斯楚政權，事實上，他也提供金援和教育給中國。

毛澤東和他所屬的中共集團與蘇聯之間的關係，可以用拳王阿里（Muhammad Ali）所說的拳擊術語來形容，就是一種國際間以靜制動的消耗戰（rope-a-dope），扮豬吃老虎。他扮成蘇聯窮苦的共產黨遠房表親，讓他能夠騙取蘇聯不疑有他的協助，搜集俄國製造業和軍事方面機密，一方面收取蘇聯的金援和軍援，一方面則在弱化他的國力。當時因為美國積極介入冷戰許多前鋒戰線，導致蘇聯分身乏術，但中國這樣好整以暇的飯來張口，反而讓蘇聯在內的東歐集團大失血。

▼蠢蠢欲動

一九七〇年中國在中俄邊境引爆了兩顆氫彈，這似乎是一個預示不祥未來的厄兆，同時間，毛澤東傳了訊息給美國總統尼克森，邀他前來拜訪中國。華盛頓首府這邊，視此為兩國關係的開展，頗受吸引。尼克森和他的冷戰時期國務卿季辛吉認為這是展開和中國合作的契機，藉此可以撼動蘇聯政局，並孤立對方。

華盛頓當局的政策領導人當時壓根沒有想到，中國這禮讓性的退讓，其實暗藏著請君入甕的龐大陰謀。毛澤東和中共在當時其實已經把蘇聯吃乾抹淨，再也榨不出更多的油水了，因為蘇聯在科技與經濟發展上已經明顯落後西方，所以做為長期吸吮蘇聯奶水長大的中國，這時必須再另尋宿主，才能繼續成長。

他們找到一個替代宿主。

這新的宿主口袋很深、還擁有全球最好的研究和設計環境、最先進的科技、以及最強大的武力，這個宿主就是美利堅合眾國。

在美國中國觀察家白邦瑞（Michael Pillsbury）的著作《百年馬拉松》（*The*

Hundred-Year Marathon）一書中，披露雖然當時毛澤東主動遞了橄欖枝給尼克森，心裡其實還是把美國視為敵國。中國的許多文件也顯示，他們其實是「把美國比作希特勒」。白邦瑞也提到，當時的中國外長周恩來在一次接見季辛吉時，口中稱：「美國是霸（ba）。」但當時中國的口譯官則非常客氣的把這句話譯為「美國是領導者」，但這其實是刻意誤譯：因為「霸」這個字，在中國的政治語言中指的是「霸王」。事後有人問這名翻譯官為什麼要美化周恩來的語氣，他回答：「怕季辛吉聽了不高興」。

但也可以讓他提高警覺，有所提防啊。

可惜的是，美國卻全然囿於中共對自己的敵意，只是一味的擁護一套能夠扶植中共來對抗蘇聯的政策。

中國很聰明的將他對蘇聯的那套用來對付美國，依樣畫葫蘆的扮演不起眼小老弟的角色。要扮這個角色對他而言也不用費太大力氣，畢竟當時的中國是屬於現在西方國家定義中的「開發中國家」：非常貧窮、沒有或只有一點製造技術、高等教育機構極少，除了龐大低工資的勞動力外，沒有太多其他資源。直到現在，中國依然對外宣稱自己是開發中國家。

中國明明過去在人權上的處理有著非常不堪的紀錄，而且其獨裁、一黨專政的作風也是西方知之甚詳，但尼克森、季辛吉和許多美國高層為什麼會這麼好騙，竟然相信和中共打交道不會有問題？這其實不難理解。一九七〇年代，中國的領導人紛紛向美國外交人員輸誠，表示自己絕對可以防堵俄國，幫美國在全球舞台上拿下更多的實權。當然，等時機成熟，中國有十億人口等著要買美國貨，這塊大餅再怎麼看也都很誘人可口。

▼資本主義信徒一廂情願的危機

美國高層為什麼會認為與中國建立關係，可以帶動北京當局政治上的改革，其心態究竟為何也是關鍵。美國從過去到現在一向自認為是打造國家的能手。美國幫助歐洲國家從二戰後復興，做得相當稱職。美國也協助台灣成功走向民主化。另外美國也協助日本、南韓、以及在冷戰後從蘇聯解體出來的國家如波蘭和捷克等國一步步走上民主的道路。

因為某些原因，許多美國負責制定政策的官員和投資人似乎都認為，資本主義有著神奇的力量，可以瓦解集權和獨裁。儘管血淚斑斑的歷史和近來發生的國際大事都一再告訴我們，這全都是美國一廂情願的想法。

美國過去花了數十億元一次又一次想要讓伊拉克和阿富汗成為獨立的民主國家，但卻沒能成功。埃及、烏干達以及其他集權傾向的國家，都從美國軍隊和金援中獲取數十億美金款項，也還是無法跨過那道屏障走向長久民主的道路。同樣的情形也發生在中東、非洲、以及拉丁美洲的美國邦交國身上。

當鄧小平在一九七八年成為中共領導人時，中共重新調整自己對貿易和資本主義的態度。那之後中國對於接受外國投資、以及參與正在成長中的全球市場就開始抱持開放的態度，但是，卻是它自己說了算的開放。外國資金可以進入中國，但是要永遠留在那裡，任何獲利沒有費一番功夫是匯不出海外的。中國也開放讓人民可以接受西方的部分行事作風：像是可以做生意、賺錢、戴棒球帽而不戴毛主席帽。但別的方面，北京政府可就控管的密不透風，完完全全的集權主義國家作風。中國唯一有實權的政黨只有一個：中國共產黨。該黨掌控中國人民生活的各個層面，不准有言論自由，人民解放軍事實上也不是中國的軍隊，而是中國共產黨的一部分。中國所有的企業，在其法律的要求下，一律都必須在董事會安插一席董事保留給中國共產黨黨員。

一九八九年五月，中國大多數人民展現出想要民主改革的渴望，在中國民主改革的道路上露出了一絲曙光，有三週的時間，一百萬人民，包括學生、工人、人權領袖集結在北京的天安門廣場上為爭民主而走上街頭。六月四日時，中共召來軍隊鎮壓抗議人群，接著就是血腥的大屠殺，報導中所稱的受害者人數各有差異，有中共自己宣稱的數百人，也有如英國外交部的電報所說的一萬人。而被捕的人數則估計達到一萬人。

六月五日，在天安門廣場上出現了二十世紀末最戲劇性的一幕：一名男子手提兩個購物袋，單獨站在正朝他逼近的共軍坦克車前，試圖以螳臂擋車的方式阻擋坦克車前進，雙方一時僵持不下。這名「阻擋坦克的男人」身分至今成謎。雖然當時全球數百萬人都看到這戲劇性對峙的一幕，但對多數中國人民而言，卻至今依然不知道有這麼一個英勇事蹟的存在。因為在中國，不僅這畫面和任何提及該事件的言論都被禁，網路上更有嚴密算式支撐的審查機制，以及數千社群媒體的監控單位在積極進行掃蕩。

中共鎮壓天安門一個月後，國際間卻又出現了一張同樣讓人不安、難以忽視的照片：美國國家安全顧問布蘭特．史考克羅夫特（Brent Scowcroft）和鄧小平相視而笑，把手言歡。史可克羅夫特飛抵北京是奉當時的老布希總統之命，與鄧小平進行祕密會談。這張照片和一系列此行照片一曝光，中國和全世界一看就明白，知道布希的立場軟化了，美國有意對中國的極權統治讓步。在當時，美國對中外交政策轉向，變成主打開放中國市場，其理由是，布希政權相信自由貿易終將解放中國。這時，自由薪資理論成了大家的最高指導原則：這理論相信，一旦中國的人年均收入越過六千美元關卡，那自由就會降臨中國這個沉睡的巨人。

詹姆士．曼恩（James Mann）的著作《中國痴夢》（*The China Fantasy*）中，稱西方國家這種幻想著中國有可能蛻變成為自由民主社會的想法是「講來心安的」。他總結了西方國家這套說法：「中國快速經濟成長也將會帶動長遠的政治變革，最後，貿易量和財富的增加，就會為中國帶來自由和民主制度。」

曼恩為這個安心假設另外設計一套相反的假設「動亂後果」，這個假設中，中國終將因為經濟亂象或是大規模的革命而走向瓦解。而這個情況的最終結果則是天翻地覆和動盪不安。

曼恩這本書完成於二〇〇七年，他的觀點可謂超前時代：因為當時中國正因金融和製造業的蓬勃發展而一片欣欣向榮。而早此六年的二〇〇一年，美國柯林頓總統簽下由國會通過的一份法案，美國與中國展開永久性正常貿易關係拍板定案。中美貿易關係一旦正常化，美國投資人立刻信心大增，企業界也一樣。因緣際會之下，中國經濟水漲船高：中國先是被接受加入世界貿易組織，再加上蘋果電腦發布iPod，以及數位產品大爆發，造成國際投資潮熱錢滾滾。

雖然中國快速成長，曼恩卻不認為他所說的安心假設或動亂假設會發生。對他而言，種種跡象都顯示，中共將會持續擦亮他那張極權資本主義的金字招牌。信不信由你。

如今不由得你不信了。

資本和自由貿易的確讓中國富裕了，數億中國人口得以因此脫貧。許多外國的投資人和企業主也不知道賺了幾十億美金。但是，至今卻沒能讓中國走向民主，也沒有讓中國人民更自由。中國還是沒有出版自由，沒有言論自由，也沒有宗教自由。這些被美國和西方國家視為基本人權的概念，卻被中共視為其存在的威脅，而且還為了慎重其事將之化為文字。

有文件以茲證明。

美國和西方國家視為基本人權概念的事，卻被中共視為存在威脅，並為了慎重其事，在二〇一三年將之化為文字，記錄在一份被叫作「九號文件」的意見書上，中國共產黨明白指出，提倡普世價值：西方國家的自由、民主、人權是全世界共通且不分時代的這些信念，是對於中國共產黨根基的攻擊。文件中還警告：「提倡西方憲政民主（constitutional democracy），是試圖破壞當前領導高層，也是試圖破壞中國特色統治體制下的社會主義。」

▼照妖鏡

記得上面提到中國對蘇聯扮豬吃老虎的事嗎？

他們對美國也用同樣一套。

裝得一副殘破敗落、風雨潦倒的樣子，中共卻成功削弱美國的核心優勢：美國的經濟、科技、軍隊、美國在世界舞台的影響力等。而且這還是美國人主動端去送給人家的。美國的政治和財經界高層以及我們的貪婪，助長中國扮豬吃老虎的姿態。我們以為此舉可以讓我們財源廣進，提高生活水平。就某個角度來看，這話倒也沒錯。美國國內股市狂飆，地產市場歷經活絡、崩盤、又活絡回來的波折。但許多方面，美國要比以前更窮了，我們的基礎設施一團糟，許多城市都被失業問題和毒品泛濫所困擾，這些人都是工作外移到中國決策的受害者。

總統川普的前首席策略長史提夫．班農（Steve Bannon）是位心直口快、行事充滿爭議的人，他原為高盛（Goldman Sachs）集團副總，也曾是美國海軍軍官，他就這麼形容美國所付出的代價：

我們就實話實說吧：中國奴隸所製造的產品，其資金來自倫敦和紐約，這些工作原來在西方國家所聘雇的工人因此失業。現下的情形就是這樣：中國奴隸為新封建制度製造產品，這個制度中勞工階級和中下階級窮到沒家產，只能買廉價的東西。一定要讓他們被像倉鼠踩輪子一樣不停的勞動生產，這樣才能維持商品成本低廉，因為這全是奴隸賣力生產的，沒錯，這樣公司的股權價值才會節節上揚，利潤才會拉高，但這怎麼會是人過的生活。

班農的話一點也沒錯。他這人或許行事作風極端，但值得注意的是，在二〇一九年五月十五日他接受CNBC訪問，當中提及他對川普總統對中國的關稅大戰時，向來主張自由全球化市場的評論家湯馬斯・佛里曼卻意外道出：「我真的非常同意剛剛班農所說關於」對抗中國不公平貿易作法的話。佛里曼在為《紐約時報》所撰文章中也提到川普總統「趕在中國壯大到不能擋以前出手踩煞車這作法，其直覺基本上是對的」。

美國放棄本土製造這件事，對美國的殺傷力極大。從一九七〇年以來，美國生產工廠就一間一間關，全都是受到亞洲廉價製造勞工成本吸引搬走。可是過去二十年來，美國企業不該獨厚中國，讓他成為一頭製造業的巨獸。這讓美國變得有太多產業過於依賴中國製造生產業，這裡面有許多是對我們生活水平維持有巨大影響的產品，像是醫療設備、科學儀器、電子產品、還有主機板、和汽車使用的感應器、加熱系統、以及國防安全體系。

結果是我們敗在自己的短視近利之下：一味追求利潤又未能有長遠考量，堅持策略、以壯大美國。再加上我們的想法過時，包括美國在內的多數國家，都還以為只有武力侵略才會真正對一個國家社會造成劇烈的影響。但其實我們現在正在遭到侵略，只是這種侵略方式要更隱微難見。美國的自由正一步步的被人侵蝕殆盡，而原因卻是我們和一個極權國家的經濟連動所導致，因為這個極權國家是擺明反對所有我們引以為重的核心價值。每當中國公司投資美國企業，每當美國大型公司的數據遭到人民解放軍駭入，每當中資請我們的國會議員或科學家赴高級晚宴，每當中共又在大學中設立新的孔子學院，中共對於美國的影響力就又增加一分。

我們慷慨又盲目，就這樣被占了五十年的便宜。打從一九七〇年代，中國研究生遍布美國各大學術機構和高等教育學府。這些學生中有很多是受到中共或是中國公司所指揮監督的。他們來學美國的STEM：科學（science）、技術（technology）、工程（engineering）和數學（math），然後將之複製。各大學從這些學生所賺到的學費，則被用來恐嚇大專院校對中共出言批評的學者，讓他們噤若寒蟬。

打從冷戰結束後，中國始終沒有在軍武上，為敘利亞、阿富汗等被戰火洗禮的國家盡過一份力，卻是不斷的在經濟上獲取自身利益，坐視美國獨力負擔維護世界和平的經費。這些工作在在吞噬、消耗美國資源。在這同時，中國卻揭櫫一帶一路計畫：這點請容本書稍後再深入解釋，中國在全世界各地興建鐵路和海港，以圖控制全球海運航線。

中共是永遠不可能答應無限投入協助重建阿富汗，並維持其和平的，但是美國國防部卻在二〇一八年宣示將要在該國每年投入四百五十億美元協助重建維和，且短期內不會終止這項捐助行動。這樣的巨額捐助，就算只要他出一年分，中共也壓根不會答應的。

這裡我們要更深入來談中國的隱形戰，也就是北京當局所擬的長久戰略，以及美國人習慣搬磚頭砸自己腳這兩者間的關聯。我想要做的是，點出中共處心積慮不守規矩的種種小手段、以及其吃人不吐骨頭的老謀深算：以及美國和西方國家可以用來反制並防堵中國不當影響的種種策略。想要阻止中共繼續往前邁進，要做很大的改變，第一步就是，要從壓抑我們自己做為投資人不知滿足的貪念以及我們做為消費者貪小便宜的心態做起。

美國人必須有所取捨。是要坐以待斃，放任中國把他的財富和影響力當作武器，拿來對付我們，動搖我們立國根基的種種自由。或者是痛下決心，讓美國企業不再像往常一樣跟中國做生意？我們的領導人、我們整個國家，都要能體悟到當前這個重大危機，在每個地方與被中國影響的事物戰鬥。我這不是在大驚小怪或是種族歧視中國人。我要先鄭重澄清：我喜歡並且敬重所有的中國人、中國的語言、他們的文化，本書中所提到的中國，是指那個被中國共產黨控制的國家。中國共產黨這樣暗地擴張他的影響力已經太久了，我的提議經過精心規劃，目的就是要反制它。

美國的生死存亡，已經到了關鍵時刻。

第三章・經濟

中共超限戰的戰略，靠的是擴大戰場。

因此中共想了一套戰略，以利其在全球發揮影響力並創造實力。他的方法是先建構他在經濟上的實力，再藉由其極權的力量施展其經濟實力，因為經濟上的安全性，是中國國家安全的基礎。就好比中國是一座隨時會瓦解的紙牌屋，要暫時用膠水黏起來一樣，除了這膠水以外，還要加上《超限戰》作者所稱的「黏合劑」，也就是數據，成就了現在這難以撼搖的經濟豪宅。原本是弱不禁風的紙牌屋，現在卻像是有銅牆鐵壁了。

每個國家都該有權競逐經濟實力，這無可厚非。問題是，中共並不光明正大、老老實實的照比賽規則和人競爭，中國一直在作弊，可是西方國家和美國政界和企業高層，卻紛紛因為自己的貪心，囿於中共的宣傳、和怯懦，而沒有戳破它。這傷害美國企業和人民。

一九九一年，中國的製造業出口僅占全球總額的2.3%，但到了二〇一三年，卻已經高達18.8%。如此爆炸性成長對中國國內的衝擊，是舉世皆知的，中國得以脫離農業國家，大量人口流入城市、國營企業紛紛關閉，轉型成為國家在背後出資的私人企業。可是中國在製造業出口總額領先全球一事，對世界其他國家，尤其是對美國有什麼影響呢？

對於少部分美國股市投資人而言，當然看著獲利飆高。可是對於靠著製造業撐起本地經濟命脈的地區，產業的流失可是造成嚴重的影響。讓人不解的是，擁抱新古典主義的經濟學家其主張的主流理論明明是，兩國間的自由貿易將能讓兩國都增加財富。比如二〇一六年由美國國家經濟研究局（National Bureau Of Economic Research, NBER）針對中國製造業革命所做的專門調查報告〈中國震撼〉（*The China Shock*），共同撰文者大衛·奧托（David H. Autor）、大衛·杜恩（David Dorn）以及戈登·韓森（Gordon H. Hanson）三人就寫道：「理論保證說，在正常狀況下，雙方獲利者所得，將足以抵消因外國競爭而受負面影響者的損失。」這個理論的基本假設是，那些失去工作的工人將會接受新的訓練，新的產業會出現，工資因此不會下降，然後整體經濟就會提升，並再次重獲平衡。

奧托在二〇一九年的訪問中，重新審度自己那份研究中的說法：

經濟學家早就知道兩件事：一、兩個合意進行自由貿易的國家，能夠增加彼此國內生產毛額，讓他們能夠各自專注在各自所擁有相對優勢的產業上發展。二、這樣的成長不會是全面性的，也就是說，不會是兩國所有人都獲得好處。即使把餅做大了，但有些部分還是會縮小，換成是其他部分變大。所以有些人是會因為自己所屬行業消失，而過得較差，可是他們的國家整體卻是較富裕的。研究中的第二點正是我們研究最具影響力的地方，因此第二點格外重要……這個理論背後，有一個先提條件假設，那就是勞動市場會流動。因此，進口與原本國內製造業有競爭性的產品，該製造業自然就會縮減，但是該行業中的員工會很快在別的領域找到新工作。

但是，過去二十年來，任何曾經造訪過曾為美國製造業重心鏽帶（Rust Belt）的人、或是造訪過美國南部的人，都會告訴你，上述這個假設嚴重錯誤。美國製造業自從二戰結束後就逐漸衰退。自從中國加入世貿組織後，美國貧富之間的生活水平和收入差距，更出現嚴重爆炸性的差距。也就是說，重視數據的實證經濟學家也發現上述的經濟學理論是錯的：自由貿易不必然會帶來財富或是兩國的和諧。

〈中國震撼〉這篇報告提供了統計數字證據。從一九九〇年到二〇〇七年間，「一些受到自中國進口貨物增加影響的地區，在製造業方面的就業機會都出現大幅減少。」原本應該是在就業狀態的工作年齡人口都變成失業，或者是從勞動人口消失。不意外的，根據該報告給的研究數據：「美國幾乎每個產業從中國進口都比出口增多，而且通常還是多很多。」

其影響呢？貿易劇烈的改變，造成嚴重的衝擊：許多社區人去樓空，許多城市都陷入貧窮。該研究說，在這些製造業流失的地區「製造業的失業率高達五成，而且通常是還要更高」。

另一份指證歷歷的研究，是由完全超越黨派、非學術性的機構——美國人口統計局（US Census Bureau）進行，這份研究並未直接點出美國的經濟下滑，但卻間接提到。該研究比較了二〇〇〇年到二〇一〇年間美國人的收入和財產，該局的「家庭財富分配」報告指出，美國貧富人口的差距在家庭淨值（該家所有財產扣掉負債）方面，以驚人的速度加劇。該報告發現淨值最低的兩成家庭，其平均淨值在這十年間減少5,124元美金，而淨值最高的前兩成家庭，其平均財富淨值則增加61,379元美金。

所以可以看到，美國的富人非常大幅度的變得更加富有，而窮人則同樣大幅度的變得更加貧窮。

二〇一七年一項由〈中國震撼〉的同樣三位學者所做的研究，則是追蹤這波貿易震盪所造成的殺傷力後續。該報告的標題，就點出這樣的經濟動亂對人口中特定區塊所可能造成的傷害：「當工作消失——製造業衰退和降低青年男性的婚姻市場價值」。下文是三位作者總結就業市場突然乾涸後，社區發生的變化：

平均起來，貿易震波程度不一的造成青年男性的就業率和薪資的減少，失業普遍性的增加，以及提高早死率⋯震波也影響男性相對所得，造成結婚率和生育率都下降。同樣受到社會變遷影響的，該震波也增加單親媽媽的比例，增加赤貧、單親小孩的比例。

這份研究讓人看得目瞪口呆。它指出美中貿易不平衡，在帳面數字之外所造成社會的巨大傷害，無疑的這個傷害有越滾越大的趨勢。即，就業市場的衰退，連帶讓美國整體社會都跟著衰退，這又造成我們經濟和國防不安情況加劇。就業人口減少，即帶動開銷降低，地方政府稅收也跟著減少，公務人員數量也就跟著減少，基礎設施也減少，各種社會福利也會遭到影響。這些情況又進一步影響到聯邦開支撙節調度的決策。縮減或是無生產力的經濟情勢，只好朝著現有資源加稅。社會整體都受到牽連。

▼帶有極權主義特質的資本主義

就某方面而言，中共其實是從美國成功的過程得到靈感，有樣學樣。美國強韌有力的經濟，推動國家不斷壯大。美國的高等教育系統、科技的創新突破、銀行業、投資工具，共同讓美國成為世界強權。我們使出全力，渾身解數在經濟上與別國競逐，但是同時不忘遵守法治精神，讓我們的競爭也謹守民主的原則。再加上美國本身的天然資源，讓我們得以把美國打造成一個欣欣向榮、蒸蒸日上、創新又在財政上成功的國家。

中國共產黨基本上就是把這個美國概念搬過去，依樣打造他們自己的經濟架構：金錢能改變一切，卻加進了他們自己的扭曲。他們把法治這個項目剔掉，也拋開所有民主的想法，只專注在壯大自己成為極權國家這個終極目標上。也就是說，他們將私有獲利的動機和國家利益兩相結合了。中國這個極權國家，用為中共的終極目標服務這個理念去推動所有的企業。這就是他們的基本教條。

中國共產黨的領導階層依照一套特定權力在運作，高度集中，工於策略，目標導向。他們會找出「我們重視的是什麼？我們的目標是什麼？以及要如何提供誘因，讓人民和全世界按我們的意思去做？」這套方法中，影響他國政府和其國家機關就是超限戰中最主要的武器。

早期中共的管理模式就跟蘇聯一樣，試圖從小的管起，細到個人的層面都要管，像是工人產出，哪家工廠該生產哪些特定產品等。可是鄧小平悟出一個道理，想要人民願意在工作上付出，最好的誘因就是利潤，也就是賺錢。

因為在中國，所有的財金政策和資金管道，還有法律架構都操控在中國共產黨手裡，因此他得以控制國內各個經濟層面。他可以隨意動用資金，包辦全國的各個企業，等於是包山包海。他可以制定有利於他的法律，像是規定每個中國公司內部都要有中共委員會可以運作；對他不利的法條規定，他也可以隨時改掉，而且也改了不少。在某些方面來看，可以說中共為製造業和商業創造了一個為所欲為、非常放任的環境。像是沒有訂立環評標準，也沒有政府機構要求、監管食品安全。沒有消費者保護協會、或是消費者保護局。類似這樣完全沒有限制或監管的作法，讓人乍看之下會以為，似乎中國正在奉行最放任、最自由的資本主義。想偷別的公司營運機密？仿冒、盜版、偷取智慧財產，違反版權，幹這些事在中國全都不會有問題。這樣的超限戰，被中國企業運用到全球的商務和貿易市場去。中國企業之間的競爭是自相殘殺的狗咬狗世界，唯一的先決條件是要看中國共產黨高興。

既然這麼自由放任，又深受投資者和製造商喜愛，那還有什麼問題？問題就在，他說變就變。因為中國**不是**沒有大人在管的。

而且管的可多了。

其實，什麼都他在管；中國共產黨雖然可以放手完全不管某些產業，卻也可以任意決定哪些他不管、哪些他要管。

重點在，中國是封閉的經濟環境。沒錯，外國企業可以在中國設點，但得要有中國合夥人，還要合夥人備有中共委員會可以監管營運。在投資方面，一旦錢進中國，就必須留在中國。想在中國做生意，像是星巴克或是麥當勞那樣，理論上，所有你賺到的錢都要留在中國，管你是放在銀行生利息或是轉投資。同樣的規定也適用於所有在中國做生意的公司，也就是說，只要你在中國境內販售商品或是服務，都要這麼做。

但為什麼我要說「理論上」？因為其實只要你是中共喜歡的公司，然後適度對中共施壓，中國政府還是會允許你將部分營業所得匯出海外。但這是只能做不能說的網開一面，而且是心不甘情不願，並非常態。

而且，有許多外國公司，像是臉書、YouTube、推特等等，想進入中國卻都紛紛遭拒。原因是這些社群媒體都允許言論自由，使用者可以在網路上自由張貼宗教、西藏鎮壓、中國境內維吾爾族穆斯林下放集中營，以及歌頌美國人權法案有多美好的言論和影片。這些都是在中國不允許的事，所以這些公司全都不能在中國營運，除非由他們把關，對使用者言論加以審查。這樣的限制也造成完全單向式的貿易失衡。中國可以盡情的模仿Google、YouTube和臉書這類的網站巨人，而發展出像是百度、優酷、微博這些非常成功的社群媒體或網站，這些網站在美國和全世界各地可以使用（雖然一樣受到中共的監控），特別在中國，他們得以完全沒有同類美國競爭者，自由的茁壯成長。

至於中國境內所使用的幣值——人民幣呢？人民幣的幣值可不是依照外匯市場來決定其高低的，雖然明明世界上其他國家的匯率都是這樣決定的，但中國人民幣的幣值卻是操縱在中國政府手裡。

在中國，「所有權」也一樣看人決定。這點在稍後談到中國瘋狂獲取科技時會再深入介紹，這裡先淺談。在中國，一家公司的資產，可以瞬間變成另一家的，要是剛好你投資的那家公司就是資產被瞬間轉移的那家怎麼辦？沒辦法，算你倒霉。中國共產黨高高在上，他給了你的，他也能要回去。

▼自由市場神話

對於別國的經濟，中國可是像蝗蟲過境一樣。而各個國家，都是中國公司牟取利益的對象。

諷刺的是，當有人批評中國並未循正當管道營利，並建議應採取手段逼使北京當局就範，跟大家一樣遵守遊戲規則時，替北京說話的一方就會再度搬出那套似是而非的說詞：**這樣會破壞自由市場體制！**

這話不是可笑，而是虛偽到可笑。

只要身為世界第二大經濟體的中國自己都不把自由市場當回事，那自由市場這四個字就永遠不可能存在。中國共產黨死都反對自由市場的證據多到數不清，一個國家有一個最高權力機構限制進出市場，限制金流，限制思想自由，那就絕對不會有自由市場存在。

美國在中國大陸所設的新創公司中，估計有將近兩成是中國投資，這是中共所謂的「中國製造二〇二五」計畫中的一環，該計畫開始於二〇一七年，號召全國投入主要的新興產業和傳統產業，包括新材料、人工智慧、積體電路、生醫產業、5G通訊、飛行器製造、機器人、電動車、鐵路設備、船隻、農業機械等等。要是該計畫得以成功，中國併購美國公司的腳步將會持續，像是波音、通用電子、英特爾等公司都可能逃不出他的手掌；因為中國將會在全球市場和他們爭奪市場。

雖然美國投資者的資金持續注入中國，二〇一九年，頂尖全球股市指標摩根士丹利國際資本指數（明晟）（Morgan Stanley Capital International）將一系列中國公司納入其指標中，該指標中有兩成是在上海和深圳證交所掛牌的中國公司。這表示以該指標做為投資參考依據的投資人等，目前都將熱錢投資在這些中國公司上，在短短一年內，就投了將近一兆美元進去。

就我們目前對於中國不開放的金融政策，以及其假帳作風的了解，這麼多金融行業高層竟然會同時為一頭極權巨獸作嫁、推銷，暗示背後有幾種可能原因：這些人沒在用心、沒有接收到足夠的資訊——這似乎不太可能，因為這些人全都擁有彭博終端（Bloomberg terminals）這套軟體；另一個可能是他們被其中獲利和中共美好的宣傳動搖了，中共總是把自己形容成是負責且自由交易的天堂。

這些企業領袖另一個一再重複的託詞就是，自由市場機制是自我管理的。這個理論主張，自由市場非常講究效率，因此在市場機制的運作下，企業圈很自然就會選擇對市場最好的方式進行交易。這種說法也一樣是個錯誤的理論，而且還荒謬到不行。首先，先前已經證明，只要是中國在市場上，就不可能形成自由市場。其次，什麼是最佳的結果，本身就是模稜兩可的說法，怎樣才是最佳，站在誰的角度來看？短期獲利是最佳？或者長期收益才是最明智的作法？或者是固定的資金流動，有可自由兌換貨幣，或是滿足自己的利益？過去三十年來，美國企業界，包括投資公司、財富五百大企業、美國證券管理委員會（Securities and Exchange Commission,

SEC）、退休基金管理公司等等，全都以各種各樣難以道盡的方式和中共結盟，但其實全都有損其長期最佳利益。

稍後本文會細談，中共是如何想方設法在財經、投資和貿易市場獲取實力，成為全球最貪得無厭、不斷擴張的經濟實體，在這之前，要先大略講一下美國的企業、財富和蓬勃發展是怎麼運作的。這和中共的商業機制作可以說是強烈的對比。

當年鐵道大亨范德比爾（Vanderbilt）在美國建鐵路，鋼鐵大亨卡內基（Carnegie）造煉鋼廠，福特造汽車，洛克斐勒鑽探石油，ＩＢＭ造電腦時，美國政府並沒有出一毛錢支助這些企業。出資的人是銀行、是投資人、是股市。隨著其企業蒸蒸日上，經濟成長，科技和居住條件也跟著改善，生活水平也隨之提高。這才是自由市場，全部沒有政府的計劃干預。雖然，部分公司可能有接受政府的承包業務和稅抵，中間不免還有些無恥的政客從選舉捐款和股市明牌中獲利。企業本身為了自身利益，可能會遊說、關說政客，立法讓自己方便。但是，再怎麼樣，企業都不會聽命於政府。而且，往往是倒過來，是政府要去鋪路、做好供水管線還有其他基礎建設，以便讓企業可以成長。但是政府不會平白無故就強搶民財，把人民造好的東西充公沒收，政府會站在支援的角色，讓市場自由發展。

▼「中國完全就是一場龐氏騙局」

中國崛起最讓人匪夷所思之處就是，這個國家是怎麼辦到的，竟然能夠獲得全球史上最驚人的成長。近代史上從沒有人能夠像他這樣，出現如此大幅度逆轉經濟的表現。怎麼可能能讓那麼多人在那麼短的時間裡快速脫貧？

這是一段漫長而複雜的故事，也是本書的副題，可是這裡要用一句話，從經濟學角度出發，提出總結：中國是靠發行並且收購大量的信用債券，利用外資獲利後不得匯出的規定，賺到數十億美金，再建立一個與外界封閉的經濟體系，完全不接受外界的稽核，藉此誘騙外國投資人。

史提夫．班農在討論中國經濟成長時曾說「中國是頭紙老虎」。這位前高盛副總跟我說：「中國完全就是個龐氏騙局（Ponzi Scheme）。我們在中國唯一的問題，唯一要問的是，他經濟的內爆……一發生的話，會把大家拖累到多慘？」

班農的說法非常有說服力。想想如果龐氏騙局大王伯尼・馬多夫（Bernie Madoff），多年來不斷從投資人身上詐取數十億美金，能夠無限期的跟這些被他騙取金錢的客戶說：「不行，賺到的錢要等我說可以拿才能拿。不行，財報只能看我準備給你看的那份，別的不能給你看。」再想像要是馬多夫還可以厚著臉皮、無限期的跟美國司法部及美國國稅局說：「不行，你不能來查我的帳，我帳面上怎麼寫，帳目就是那樣。」

如果上述情形發生在美國可以被容許，馬多夫不就至今依然逍遙法外，繼續詐騙投資人的錢。他所有憑空捏造出來的利潤，其實全是新客戶投資來的錢，還從中抽佣留做己用，舊客戶就只能等著他用極慢的速度把錢還出來？

這就是中國押注其爆炸性成長的方式，用龐氏騙局的手法，擴大到全球性的規模。外資進來，可是只能留在中國。有些外資始終以美金流通，這樣中國才能拿來在國際上交易，但是其獲利則要保持不可兌換的貨幣原狀，接受嚴格的資本控管。

中資企業有許多都是由中國共產黨出資補助、或者是被中共的權力掮客拿來當作個人金庫用的，這些企業完全不遵守正統的會計作帳方式。就是因為這樣，外界分析家無法正確判斷中國企業的財務健全狀況，而且中國還有一個陋習，就是國營中國銀行可以隨國家政策需要，任意把資金匯給具政策重要性的公司行號。另外，這點稍後還會在科技那節談到，中共可以將一家公司的資產，瞬間指派給另一家公司，在中國，所謂的依法作帳這種事全然不存在。

面對這樣的情形，西方國家卻還是前仆後繼不斷湧向中國市場投資，只能說他們要不是過於莽撞，就是瘋了。可是，為什麼會這樣？很顯然，是華爾街股票交易市場眼中只看到每筆交易金額他可以抽取的紅利，讓他無視於這風險。而退休基金經理則全都是有樣學樣在投資：別人怎麼做，我們跟著做就對了。這樣的人還真不少，人云亦云、一傳十、十傳百，群眾效應的力量非常可怕。

要打造這種群眾效應，中國發起了一波媒體戰術：宣傳和造勢活動。中共在許多方面都努力塑造讓外資安心的形象。他會想盡辦法吸引投資人和記者，歡迎貿易代表團、還舉辦餐會。他還會購買充滿官方正式風格的廣告插頁，刊在像是華盛頓郵報這類有名望的大報上。

中國環球電視網（China Global Television Network）在全世界各地網羅記者，相中的都是對中國作法素有批評的記者，像是批評中國在非洲森林濫伐等，目的是要掌控記者的報導。根據英國衛報（The Guardian）的報導，有一位被徵詢的記者，中國開出兩倍於他原薪的酬勞要網羅他，但為他所拒。

這全是中國超限戰的其中一環。中共以一連串經過計算的粉飾和假消息發動文宣攻擊，只求建立投資人的信心，前往中國投資。

這真的要好好稱讚中國共產黨和他的宣傳部門：他們真的幹得太好了。他們打造了堪稱全球最大型的騙局。二〇一八年十一月，中國主席習近平對西班牙國會發表演說，演說中他也把這場毫不加掩飾的瞞天大謊扯得更大：「中國會努力把我們的大門對外頭的世界更加敞開，我們會在投資和保護智慧財產權方面努力，讓進入中國市場的途徑更為便捷。」

對於增加投資管道，習近平沒有開出時間表、也沒有詳述細節，包括是否要鬆綁相關投資限制等等，都沒有提及，更完全未提及中國要如何落實智慧財產權保護，通篇只不斷在說：相信我。

中國這場龐氏騙局之所以能成功，部分是靠企業界與之勾結，以及西方國家對其見不得人的勾當始終噤若寒蟬。當西方企業大量投資中國，卻發現自己的錢不能匯出中國後，他們能怎麼辦？這些公司為數多達數千家之多。他們的錢一旦進了中國，就發現自己是前進無路、退後無門了。

那筆錢就是卡死在中國。這是許多企業界高層都不敢對外大聲張揚的心裡話。據多家頂尖財金顧問公司透露，像是美國石油巨頭雪佛龍（Chevron）、艾克森美孚（Exxon）、索尼（Sony）、德國寶馬汽車公司（BMW）都各自在中國境內賺了數十億美金。可是這些錢全都不能匯出中國境外，中國禁止讓這些錢離境，因為他需要這些美元。還有不少的來自投資圈的消息告訴我，據他們所知，從二〇一五年以後，舉凡西方投資人基金申報匯出海外的，全都沒有獲准。

對沖基金海曼資本管理公司（Hayman Capital Management）創辦人凱爾．巴斯（Kyle Bass）在二〇一九年一月時告訴我：「中國如果想要壯大其經濟，那就要增加準備金，因為這增加的部分才能夠拿來增和世界其他國家的貿易。這樣中國才能把他這裝模作樣的遊戲繼續玩下去，只要能夠維持現金帳面上是正而不是負的就好，也就是淨盈餘比支出多就好。過去十七年來，中國的現金進帳都是正的，但二〇一八年，是從二〇〇一年以來，中國第一次在帳面上出現負的現金帳目。」

中國國家統計局（National Bureau of Statistics of China, NBS）所發布的二〇一八年財會年度數字顯示該年是中國二十八年來，國民生產毛額成長最少的一年，只有6.6％。該局的資料不透明，因此並未清楚揭露中國經濟的各個層面，許多財報分析師都懷疑，這數字灌過水。

在中國國家統計局這份數字發表後幾週，巴斯在一篇社論中指出：「過去十二個月來，中國關鍵經濟指標像是企業生產量、汽車銷售量、零售銷售量以及投資總額等，全都出現過去數年間最低的下滑，這是因為之前的銷售刺激減緩，再加上中國負債未減，導致經濟暴跌的結果。」

不管程度多寡，帳面呈現負成長還是衰減，都是貿易和投資減緩所造成的，這都暗示短期內會出現兩件基本上互相衝突的事：首先，中國會想要增加更多的外國投資來維持其經濟成長。其次則是，中國不會公開外國投資獲利所得，儘管這明明應該是投資的關鍵，但是因為中國想要經濟成長的話，一毛錢美國投資都不能放過，才夠支持其所需。

一個投資案看起來像是龐氏騙局、然後整個運作也像是龐氏騙局，卻否認自己是龐氏騙局，那這投資案是什麼？

答案就是中國。

那去投資的人又是什麼？

這些人要不是他的同夥，就是受害者。當然，騙子和他的同夥，對這些受害者有另一個詞，他們稱這些人是阿呆。

或者是傻瓜。

中國金融市場另一個和西方市場不同，會搞得人暈頭轉向的地方，其實也是再次突顯北京當局並未奉行自由貿易，而且玩的是一種隨他操控的龐氏騙局之處，那就是中國的法規是選擇性的施行。在美國，要是IBM公司在資本市場發行債券，這筆籌到的錢就會歸IBM公司所有，投資人可以相當有信心相信這筆錢將可以用來提升該公司產品。因為他們知道公司裡有個董事會、還有個執行長，他們會負起信用責任，確保公司營運達標。但在中國，投資所得的去向要看中共高興，他要它去哪就去哪，這一點在稍後談到中國在科技併購時會深入說明。

用美國投資人的錢去餵養中國的龐氏騙局，會造成三方面的風險。美國的金融產業把資金投入中國，不僅僅是在助長美國頭號極權對頭的壯大，而且投入中國的資金，有可能會變成無法兌換的資本因此無法回收，這也是一個風險；而且這也等於讓美國本土和其他國家市場，少掉寶貴的資金投資。要是你的退休基金被綁死在中國拿不出來，那些基金就不可能回頭投資美國，重建正面臨瓦解的國內基礎建設、資助先進的新創公司、或者是協助重建製造業。儘管這讓華爾街獲利出現短期增加，但美國整體經濟卻會處於停滯。

凱爾巴斯身為對沖基金公司的創辦人，專門從事全球性事件投資，他花了很多時間在研究中國的資產負債情形。對於上文中班農所指出的中國經濟不穩定狀況，他也表示贊同。

在二〇一九年一月初我和他的對談中，巴斯分析中國現有數據，他認為目前中國這個封閉的經濟體系負債狀況已經嚴重到會出問題的地步。相形之下，美國簡直就像是嚴守負責、小氣財政政策的保守國家。

巴斯認為，不合理的是，中國的信貸策略和中共所有典型的長期策略計畫都背道而馳。但如果考慮到中國急需現金，以填補他在長期策略上的花用，那就比較可以理解為什麼他會採取這種手段。

巴斯說：「中國用來製造國內穩定的方法是，增加中央銀行的負債，再加印更多人民幣，中共所印的人民幣比起人類史上任何一個國家還要多。」

拿造成美國二〇〇八年市場快速崩盤的財務健全狀態，和當今中國金融現況對比，讓巴斯打了冷顫。

他說：「當年美國金融危機發生時，國民生產毛額是十七兆美金，而全國銀行資產則有國民生產毛額的1.3倍，約一兆美元的銀行淨資產。可是看今日中國的狀況，其銀行系統有約值五十兆美金的人民幣，僅有兩兆的銀行淨資產、而其整體經濟（也就是國民生產毛額）則只有十三兆美元。」

巴斯所舉的數據是根據中國人民銀行（People's Bank of China）所提供的資料，中國人民銀行就是中國的中央銀行，並參考其他機構的資料，他還加進財富管理產品、信托受益權、以及信託借款等資產。他估計中國的整體信用貸款高達四十八兆美元，這將近其國民生產毛額的四倍之多。相對之下，美國二〇一九年的信貸是二十四兆美元，可是其整體經濟量卻還比中國大出三成七。

換句話說，中國流通的貨幣金額是美國的三倍之多，可是其國民生產毛額卻比美國少了四兆美元。就算其銀行資產是美國的兩倍，原因是二〇〇一到二〇一五年間的獲利所致，其比率還是相當嚇人的糟糕。經濟理論和供需原理認為，印製大量鈔票，將會自動引發嚴重通貨膨脹，可是到目前為止，中國卻能夠避免貨幣貶值，其作法就是拒絕加入外匯市場。另外再加上中共控制股市，同時又控制媒體，這可以封鎖消息，讓資金短缺、通膨、或房市泡沫的新聞都不會浮上檯面。同時中共又控制社會信用評分，這是中共新設的系統，透過臉部辯識和數據監控個人行為是否合乎中共法規，以此稽核人民行為，做為控制和獎懲的手段。也就是透過封閉的經濟體系，外加極權壓迫，讓中共透過人為干預的方式，避免通貨膨脹，維持國內穩定。

▼房市泡沫

中共對於市場干預的一個明顯作法，表現在房市上。中國房市是許多金融專家認為早該崩盤卻沒有的。中國有許多建好卻無人居住的鬼城，裡面全是高聳的公寓大樓，卻空無人煙。據統計，因為中國的營建業好大喜功，竟然建造超過六千四百萬間的空屋。這樣的嚴重超建違反供需理論的情況，中國是怎麼克服的？巴斯解釋：「只要禁止房市交易就可以了。」他指出，一間用十萬元人民幣買到的公寓，會始終在銀行所列資產負債表上列為十萬，就算房價跌了，買家開出的價錢跌剩一半，帳面上還是十萬人民幣。

另外，中國的房貸市場也一樣操縱在中國共產黨手裡。巴斯說：「之所以中國沒有出現立即的房市崩盤，是因為他們沒有所謂的房地產稅。「在美國，一名擁有十棟空屋的房市投資人，除了要付房子貸款外，也要付房地產稅。但在中國，買房者如果貸款繳不出來，銀行會把這次的貸款加回到原始房貸本金，然後繼續貸給他，只是帳面改了。巴斯說：「這樣一來，就變成無息延貸，比如說，如果貸款總共十萬元，你這次要繳四千元，但繳不出來，那銀行會幫你貸款餘額改成十萬零四千元，等你下次有錢時再繳就可以。」

巴斯說這個惡習在他公司成了一句笑話：「無息延貸帳面看不到虧損。」

▼融資未來

中國共產黨雖然可以控制國內一切貨品的買賣價格，但要維持經濟正成長，卻極度缺乏資源。中國是全球最大原油進口國，一年要進口將近四億噸的原油。另外，食物、賤金屬、原物料、還有石化製品等也都要依賴進口。

巴斯就說，正因為這些全都要仰賴大量進口，造成中國的經濟非常不堪一擊。一旦貿易趨緩，國內房地產市場走向崩盤危機，而越來越多跨國企業發現自己投資中國的錢匯不出海外，中國經濟的不穩定程度就越來越高。

從另一個角度看，這樣的不堪一擊的經濟，也讓中國政府變得更加危險。中共為了要確保自己有足夠現金，並且能夠得到外國資本來供應他自己國內需求，還持續投資其超限戰的各個戰場最前線，會使出什麼樣的手段？他會用哪種策略來影響他國藉此取得現金和控制權？是賄賂、勒索、蓄意破壞、政治上的強制手段或貿易戰？

▼盜版、詐騙和盲目

美國百萬富翁喀邦尼（A. J. Khubani）白手起家的故事，可以說吃了大力丸的美國夢。可是最近發生在他身上的事，則是美國製造業過去三十年的典型惡夢寫照。中國明目張膽無視於國際法治，嚴重威脅到他一手從無到有所打造的企業的生存。

喀邦尼的雙親在一九五九年時從印度移民到美國，他家非常重視融入美國的生活。他說：「我家人全心擁抱美國文化，在家裡絕對不許講英文以外的語言的。」

喀邦尼從小就很勤奮，在新澤西州林肯公園這一帶長大的他，為了賺錢貼補家用，從鏟雪、除草、送報，全都做過。他一路靠著賣披薩和當侍者打工念進了州立大學。大學畢業時，已經存了兩萬美金。他把這筆錢拿來買一堆進口調頻/調幅收音機，在小報上買下一則廣告，從此踏上創業之路。

其他的細節不談，總之，喀邦尼用這兩萬美金成立一家公司，名為「電視寶」★，負責設計、開發、申請專利、授權各種獨特的消費品，標榜像電視上看到一樣，這成了他公司的特色。有段時間，該公司一年可以賺到十億美金。

喀邦尼對於開發可以協助人們解決居家生活問題類的用品，有著第六感般的直覺，他設計出一種小梯子，好讓家中老邁又過胖的狗狗可以在家中行動自由，又有像是放大鏡、或是不想花錢觀看有線電視的人用的數位電視天線等，另外也有些有趣的家庭用品，像是星光秀這類的產品，好讓你家裡在聖誕節時看起來像是星光滿天，但其實是用雷射燈光打出來的。除此之外，他也很懂得創造市場買氣。

喀邦尼說：「我們的產品很快就非常暢銷，原因是我們花了數百萬美金在打廣告。多年來我們主要靠電視來行銷這些產品，然後才開始到連鎖零售通路像是沃爾瑪、Target、Walgreens等零售通路。美國每個零售商都有賣我們的產品。」

一九九〇年時，喀邦尼開始注意到，中國盜版商很愛複製他公司的產品：「要是到跳蚤市場上，就會發現有我們產品的仿冒品在賣。仿冒品樣子跟真的完全一模一樣，包裝一樣，連商標都沒換。」

他們為了防堵仿冒品，費了很多功夫找到存放仿冒品的倉庫，並將之查封。他說：「但抓仿冒品就像在玩打地鼠遊戲一樣，抓了一隻，又冒出來十隻。」

之後網路崛起，仿冒問題加倍嚴重。他說：「二〇一五年，我們開始注意到我們產品的仿冒品出現在亞馬遜網站上，還用我們的商標，仿冒我們有申請專利的產品，使用我們的產品照、產品介紹影片，用我們的推銷文案——所有都是直接用我們的。」

光是「跟電視上看到的一樣」一系列產品的仿冒品，就有上百個，然後售價還是「電視寶」的一半，或者一半不到。喀邦尼點了其中價錢最低的幾個，發現這些產品絕大部分都是由中國的賣家所提供。也難怪他的商品銷售數字會直直落。

亞馬遜賣商品有兩條管道。一條是傳統的零售管道，亞馬遜名之為「小販中心」（Vendor Central）。亞馬遜會直接跟這些小販下單，就跟一般傳統實體通路作法一

★譯注：Telebrands，另譯泰利布藍斯。

樣。第二種銷售管道則稱為「亞馬遜市集」（Amazon Marketplace），或者最近新的名稱「賣家中心」（Seller Central）。這其實就是大型的數位跳蚤市場，只要有電子郵件帳號和銀行帳號的人，都可以在這裡上架銷售商品。亞馬遜自己則在這裡面充當類似掮客的角色，跟eBay有點像，每一筆交易他抽一成五的佣金。

亞馬遜網頁設計的方式，其實表明他不管自己賣的商品來自傳統零售通路還是網路賣家，因為網頁上展示的不只有零售商的商品，同一頁上也會出現提供同一商品的其他賣家的連結，同時還會標示同一商品的最低價。

不過，亞馬遜不會管他網頁上那數百萬種商品是否是仿冒品，追查仿冒品的責任他下放給網路賣家。所有網路賣家在登錄時，亞馬遜的公司政策頁有這個必要選項，一定要接受：

> **保證條款：您保證：（a）您的服務和相關標價、銷售、以及銷售特徵皆遵守適用法條，包括所有適用授權、商標註冊、或是相關申請之規定⋯⋯**

「電視寶」向亞馬遜網站抱怨網站有數千件陳列商品都是違法仿冒品時，喀邦尼轉述亞馬遜給他公司的回覆是：「我們無法分辨這些商品是否違法，你要自己想辦法清理市場。賣家所陳列商品是否為仿冒品，檢查的職責不在我們。追查仿冒品的事，要你們自己去做。」

喀邦尼氣壞了，他手下的員工向亞馬遜提出要求，希望取得這些陳列仿冒品賣家的名字和連絡方式，這樣他們才能夠採取法律行動。但亞馬遜給他們的回覆是：「這違反我們的政策，我們不能提供商品賣家資料。」

教人喪氣的事還不只這封回覆，另外兩件現實問題，才真的讓喀邦尼大怒，而且感到無能為力。第一件事是，即使他可以找出商品的賣家，也沒法在中國尋求法律協助，中國政府三十年來就已經表明，他不會禁止仿冒商品的製作或出口。第二件事則因為亞馬遜和美國政府。

亞馬遜是非常出色的物流公司。他一定非這樣不可，效率會增加他的收支。要是他不能用最低的成本快速運送商品，獲利就會減少。所以他會讓貨物運送最佳化，以求讓自己和賣家能夠為消費者提供最好的購物體驗。為了達成這個目標，他採用了一個叫作「亞馬遜貨物送達」（Fulfillment by Amazon）的服務系統。賣家將貨品送到亞馬遜送達中心後，繳交倉儲費用和按件計費的送達費。亞馬遜在中國設了數個送達中心。據喀邦尼說，這些中國送達中心等於是亞馬遜為中國的仿冒商開了扇方便門，這些商品，全都仿自喀邦尼花了數億美金去研發、申請專利、廣告行銷的商品，亞馬遜卻幫仿冒商提供平台陳列、運送，順便毀了喀邦尼的企業。

喀邦尼指出，美國新澤西州參議員柯瑞·布克（Cory Booker）替他打了通電話給亞馬遜後，亞馬遜現在開始會將平台上的仿冒品自動下架了，他說：「大家都以為亞馬遜是一間很了不起的美國公司，可是亞馬遜之所以會賺錢，就是因為他的行為等於是助長、鼓勵仿冒品的銷售。可是外界卻渾然不知。」

助長這些貪得無厭仿冒商茁壯的不是只有亞馬遜。有另一個合作單位，也是在毫不知情的情況下，樂於提供服務，幫忙這些非法商家，以價錢低廉、服務到位的方式運送貨物——美國郵政署（US Postal Service）。萬國郵政聯盟（Universal Postal Union, UPU）成立於一八七四年，在全球一九二個國家都設有國內遞派員，一九六九年，為了紓緩中國一蹶不振的經濟，美國郵政署實施政府的一項規定：讓凡是由中國寄出，重量不到4.4英磅的包裹，一律享有大幅折扣優惠。優惠幅度多大呢？據美國郵政署說，因為這個協定它一年要損失一億七千萬美金。

舉個例子比較容易明白：從美國華盛頓首府賓州大道一六〇〇號寄出一個三磅重的包裹，目的地是美國國會大廈，中間途經2.3英里，其所費的運費，要比從北京寄一個同樣重量的包裹到美國白宮，途經六九二五英里所花的費用還要高。

這個數字讓喀邦尼嚇到嘴巴都闔不攏。美國政府幫忙運送非法仿冒品，竟然還要補貼它郵費，讓這些仿冒品來侵蝕喀邦尼公司的營利，危及其企業的生存，而他竟然完全無法處置。

他說：「我問過其他消費品製造商，每一位都跟我一樣，受這個問題嚴重影響。」

這還不只是亞馬遜一家公司的問題。布魯克林區一位發明家葉爾・萊納（Yair Reiner），他創立「煎煮牆」（Frywall）這家公司，專事生產瓦斯爐防油噴濺板，他的防油板用矽膠製成錐狀，五顏六色美觀方便。萊納獲邀上美國知名電視節目「今日」（*Today*）介紹自己產品，產品大賣，連「創智贏家」（*Shark Tank*）競標投資實境秀節目的企業家都讚不絕口，他們看到萊納在節目上示範這項產品後，展開一場競標大賽，全都搶著要投資該公司。可是也因為產品賣太好，引來中國仿冒商人的仿冒。

萊納最大的問題不是來自亞馬遜網站上的仿冒商。他說，其實亞馬遜還是至今讓他公司獲利最多的一家公司。因為，中國仿冒商所仿冒的「煎煮牆」（仿冒品改名「煎煮強」[Frywalls]）網路上到處都有，在Google的搜尋結果、在eBay拍賣網、在專賣這些仿冒品的個人網站上都有。

萊納說：「各式各樣的網路平台，有些是美國人的，有些是其他西方國家的，有些則是中國的，全都在助長這些仿冒品的製造、行銷、配送。」萊納之前擔任歐本海默公司（Oppenheimer & Co.）的證券研究管理總監。

雖說這樣，但萊納的惡夢卻是從中國先開始的，當地仿冒製造商將仿冒的「煎煮牆」產品擺上阿里巴巴網站陳列販售，阿里巴巴這家大型購物網還可以成批採購，不如把阿里巴巴想成是零售商的eBay。以及阿里巴巴的「全球速賣通」（AliExpress），該網站營運方式跟美國的亞馬遜的市集網（Marketplace）一樣，可以接受不同賣家零星訂單。這些仿冒品一般會以低於萊納正版「煎煮牆」兩成五的售價銷售。

全球速賣通是中國和其他網路市場上，非常受歡迎的線上購物平台，但是在美國卻很少人知道。所以要將仿冒品賣給全美消費者，就要藉助於亞馬遜、eBay 和其他個別的美國網站了。

萊納說：「基本上這些供應商在網路上陳列銷售的商品，他們自己其實都沒有現貨，也就是說都沒有庫存，要等到接到亞馬遜、eBay 或是他們自己創的網路商店的訂單後，他們才會轉單給全球速賣通的零售商，請他們直接從中國寄給美國的消費者，而他們這些網站上所陳列的商品，大約有數百件，全都是沒有備貨和庫存的。這上下游出貨送貨的過程，他們可以銜接得天衣無縫，因為有工具可以幫他們直接把 eBay 和亞馬遜、或是用 Shopify 設計的購物網上的陳列直接連接到全球速賣通的零售賣家。」

萊納雖然相信這些網上仿冒品的陳設應該都出於中國製造商之手，但其實，這件事全世界所有人都可以辦到，只要到網路上弄個商品陳列，然後再讓消費者下訂，零售商這邊完全不用持有這些違法的中國仿冒品，所以也不用花一毛錢來囤積庫存。

要是這些訂單都是從中國寄往美國，那一九六九年萬國郵政聯盟針對中國貧困予以減免郵寄的協定，等於是讓萊納從美國紐約布魯克林區的總公司寄送產品到美國任何一地的郵費時，都要比從中國寄到美國的運費來得貴。所以他認為，如果能夠停止這筆協定的補助，將能夠讓他產品在網路銷售方面數字不再下滑，因為如果從中國寄到美國要花上十五或二十美金運費、而從美國寄只要3.99的話，就不會有人再上網買那些要從中國寄來的仿冒品了。

至於從國外走私違法的仿冒煎煮強產品，萊納則認為比較不是問題。他認為，網路賣家的營業模式是「想做生意但不想要庫存風險。自己負責配送大批仿冒商品會增加風險，因為，要先拿到貨，之後一直到賣出，整個過程都不可以被抓到，甚至至導致商品被沒收，這整個風險太高了。」

萊納估計，他和他行銷部的主管，一個禮拜要花5%的時間在抓這些網路仿冒品，或聯絡亞馬遜、eBay、Shopify等電商請他們下架商品，再加上還要花數千美元的律師諮詢費。這還不算「額外的精神損失，因為我們公司很小，感覺這樣的戰爭是以小搏大，怎麼打都打不完，我們努力想要正正當當的做生意，開創好的商品，讓顧客滿意，為所有我們的商品負責任。可是，我們為這家公司和這個商品做得越多，美國政府的郵政系統卻在補貼這些吃人不吐骨頭的仿冒商。這真的讓人很難保持冷靜又專注。也正因為如此，如果能夠終止郵政補助中國至美國寄件，將會是朝正確方向走的一大步。」

▼海運漏洞

根據《美國商務日報》（Journal of Commerce）的統計，二〇一七年一整年，中國各海港大約要進出兩億的貨櫃，其中最常使用的貨櫃是所謂的二十尺標準貨櫃（twenty-foot equivalent unit, TEU），這是一種長二十尺、寬八尺、高八尺的貨櫃，裡面有一一七〇立方尺的容積，最高載重達六七一九六磅。像新巴拿馬型（New-Panamax）這類巨型貨輪，以及真正大型的「超大型貨櫃船」（Ultra Large Container Ship）這類船隻，都是大到無法停船在美國多數商港的，這兩種船分別可以擺放一萬四千個標準貨櫃和兩萬個標準貨櫃。地球上任何你想得到要用海運運送的物品，從玩具、鹽、香蕉，乃至核能反應器、石油、老鼠夾等等，大大小小的東西，都已經由國際標準化組織（International Organization for Standardization, ISO）予以標準化。該組織與超過一六〇個國家合作，訂定各式貨櫃的尺寸，便於貨物裝卸的統一和效率。

ISO 9001 是為船運所設計的國際標準品質管理系統，如果一家公司獲得 ISO 9001 認證，就表示這家公司遵守這個標準，符合其船運要求、包括相關法令和規定要求，並且詳細列表。有許多不同的企業會獲得這類認證，包括工程業、製造業等等，但都要通過管理員的稽核。獲得認證以後，就代表這家公司在以下這些方面是合格的：產品是安全的、穩定的、打開時不會壞掉。

每年估計從中國運往美國的標準貨櫃數量大概達到一千兩百萬個，平均下來一天要達到三萬三千個之多。中國只允許美國在他的海港派駐四名貨櫃檢查員，也就是說一名檢查員一天大約要檢查八二五〇個運往美國的貨櫃。可是這怎麼可能辦得到，中國的國際商港至少有二十個，四名檢查員再怎樣也不可能一天內看完二十個海港。

即使中國允許美國再多加派貨櫃檢查員，不管是二十個或是兩千個，也不可能真的詳細檢查這些貨櫃，因為檢查員的工作不允許他們真的看貨櫃裡面。他們的工作職責是看載貨清單，就看上頭寄送人所申報的貨櫃內貨物清單。如果申報公司在貨櫃裡塞了兩百雙的襪子，可是下面卻藏了五千磅的麻醉品禁藥，可是卻在載貨清單上載明是「兩萬雙白色運動襪」，只要這家公司獲得ISO 9001的認證，那檢查員就不會去查貨櫃。貨櫃就會上船然後載往美國。

ISO 9001在中國其實根本就是虛應情事的橡皮圖章，沒有辦法讓人對品質保障有信心。負責半數ISO 9001稽核和認證的那家公司，本身就是中共所持有，中共可一點也不想讓這些可以賺美元的製造、銷售和出口速度慢下來。更何況，這些稽核員本身就很容易買通。

至於中國自己的海港檢查員，如果他們太認真，去抓貨櫃不法物或是不合載貨清單所申報物品，那可是會犯眾怒的。開貨櫃找東西比對清單，這些都要花時間，時間就是金錢，要是因為驗貨而害貨櫃上船和離港耽誤時間，那檢查員本身還得受罰繳交罰款。

也正是因為如此，美國市場上充斥著各式的仿冒品，中國本身在品質控管上就是沒有一個互相制衡監督的機制。中國國內沒有消費者保護組織，沒有環境保護組織、專利局或是商標局，也沒有食品藥物管理局（FDA）、國稅局（IRS），也沒有人在乎要確保產品對人體無害，獲得版權保護，若出問題該找誰負責，或是正當營運等。要是輪胎爆胎，或是汽車安全氣囊該開沒開，或是車子開了一百英里後煞車墊感應器失常，或是特許權費沒有收到，產品有毒，那又怎樣？反正貨都已經上船出港了，交易已經完成了。下一個貨櫃！

▼商業間諜2.0版

商業間諜和盜取智慧財產這兩件事很少人討論。

要是珠寶店或是博物館遭人洗劫，警察一定會到場。新聞也會報導洗劫事件，還會提及造成多少損失。損失的數量是可以估計的：兩百萬的珠寶或是一千萬的畫作。大家在上班時、推特上或是晚間電視脫口秀上都會提到。一旦嫌犯身分確認，警方也會展開追捕。

但是商業間諜和盜取智慧財產這類事件，卻完全只限於業界被小範圍談論。商業間諜如果幹得好，可以神不知鬼不覺的。這要涉及複印文件、構思計畫、化學程式、電腦密碼，還有取得原始數據。這跟在博物館牆上偷走畢卡索名畫是不一樣的。設想如果是要偷一幅名畫，並在原處換上另一幅很出色的偽作，因為幾可亂真，所以館方直到一年後才有專家注意到真跡被盜。這種慢好幾拍的失竊反應，在商界是常有的事，而且往往還會噤聲不准外傳。因為如果向警方報案，怕會影響投資人信心，有損公司員工士氣，也讓競爭者掌握弱點。

有許多知名的會計師事務所和帳目公司，像是永安（Ernst & Young）、勤業眾信（Deloitte）、資誠（Pricewaterhouse-Coopers）、畢馬威（KPMG）等會計師事務所，對自己公司內部針對可疑的商業間諜案，則都是關起門來進行私下調查。中共背後會針對上述這些大型公司進行商業間諜行為，其程度不一，有的很基本，像是賄賂員工複印公司文件，安插學生進研究機構，或者施壓學生行竊等；有的則非常複雜，動員眾多間諜進行大規模的掠奪，乃至於全面性的間諜行動。

二〇一四年，一家大型避險基金的老闆寄給我一份簡報，這是他私下委託專家完成的，針對中國政府在美國企業的不法行動做了這份調查。論規模和細節，這份簡報讓人看得怵目驚心。其所透露的事，讓我的世界觀完全改觀。

這份簡報中最讓人擔心的一部分，詳述一樁中共試圖從一家新興公司手上奪取專利科技的攻擊過程，其攻擊方式讓我聯想到我當空軍時空戰的複雜戰術。這種空戰會用非常精密完美的動作，藉此讓對方做出許多不起眼的小失誤，然後能讓敵方露出破綻，成為奇襲閃電戰的目標。這個行動讓我們看到，中共為了暗中傷害競爭對手，取得自己想要的科技，能夠耗費多龐大的資源來進行。以下就是事情經過。

一家美國化學公司，原來是由一家未掛牌公司持有，該公司有一項劃時代的環保科技專利，公司因此以非常穩定的速度成長。該公司所有者因此計劃用五年時間讓公司公開上市。

可是突然間，該公司的表現開始達不到盈利目標，追究原因是出在銷售數字上，也就是他的訂單數量減少，還有物流，負責物流的單位也出現問題，該公司於是開除門市部門的員工，可是還是止不住失血。公司所有者與公司管理階層開會要他們解決問題，因為再這樣下去公司就不能公開上市了。之後不久，該公司突然在完全沒有對外表示出讓的情況下，接到一家中國公司開價併購。該併購價格讓公司所有人嚇一跳，正好就是公司若未出現這些問題時原價的七成，管理階層驚呆了：這個買家怎麼能在完全未取得公司數據的情況下，這麼精準的估算到公司的市值？似乎連公司最近的損失金額都算了進去。

公司持有者於是請了偵探調查，結果發現，原來這家化學公司被駭客入侵，而且還不只他遭駭客入侵，連持有它的背後出資公司也被駭，駭客知道該公司的盈利目標，也知道一旦公司市值落到什麼程度，持有公司就無法接受，會將之轉手出售。

要是用間諜的眼光來看，這種神不知鬼不覺壞人生意的手法真是高明。該公司的電子郵件伺服器被駭客動手腳，刻意只針對特定郵件下手，公司要是對客戶寄出詢貨訂單，駭客會在信還沒寄出前就將之刪除。同樣的，如果有客戶寄訂單來，駭客也在信還沒進到銷售部門的收件匣前就將之刪除，所以銷售部門壓根就沒收到訂單。光靠這手法就能夠傷害該公司的銷售額，卻又不會嚴重到啟人疑竇展開調查。

同時，駭客也去後端物流動手腳。要是有訂單訂了一千件，駭客就將數量改成九百件，等到被發現數量不足，一般都是這一批訂單已經寄出或是即將寄出，只好再追補訂單。但這樣一來一去的追加小動作，就已經造成人力、運送、還有其他部門的成本，也影響公司的純益。

真是手法高明的行動，做得神不知鬼不覺。能夠有足夠資源和技術執行這麼精密計畫的，只有國家層級的單位才有可能。

這個邪惡的行動讓我們看到中國經濟戰的層級之高。這不僅僅是偷竊，在企業界，光是列印公司內部文件帶出去的嚴重性，就等於是珠寶店搶劫一樣的犯罪行為，而這個案子又是一種在很多方面都經過縝密規畫的搶劫，應是中共官方設定其企業發展政策，希望將綠能科技視為優先，一等他找到一家他需要的美國化學新創公司，就會先有人擬定一套行動計畫，交由人民解放軍在間諜行動上做規畫，並進行駭客任務，交由中國企業監督和分析整個行動。其目標是要讓這家美國公司受到重創，並且因而市值受損，這樣才能以低於市場的價格收購到該公司，獲取中共重視的科技。這等於是政府授意對美國企業發動攻擊。

我在二〇一四年進入美國參謀長聯席會議時，把這份簡報拿給所有我在國防部見過的人看過，他們的反應都一樣：「天啊，這太可怕了！」但他們緊接著會說：「這不歸我管。」當然，因為這不是軍方傳統的任務，會有這種反應很正常。軍隊職責本來是計劃作戰、準備作戰、執行作戰、或者維持秩序。保護美國企業呢？這和我們無關！

但對我而言，這卻是再明顯不過的戰爭了。中共這種行為充滿敵意、貪得無厭；甚至違反國際法，處心積慮就是要傷害美國。

所以我去找財政部和商業部，也和國務院會晤。他們的反應卻讓我啞口無言：「中國不是我們的敵國，他們是我們的朋友，我們雙方是合作關係。」我得到的普遍都是這個反應。看著他們，我心想：「但是我才剛**把證據給你看，證明他們不是我們的朋友**啊。」

最後我知道了一件事，那就是美國政府中，沒有人針對中國的貿易間諜戰和經濟戰在動作。這件事是個燙手山芋，沒人想接。最後我在自己任職的參謀長聯席會議中找到一位和志同道合的同事，這位同事的大名我予以保留，但我認為他真是了不起。他和那些高階官員不一樣，他了解經濟戰，而且也認為這樣的戰爭，應該屬於美國國防部職責所在，這是一種新的國土領域。他同意我進行中國經濟惡行的研究，並授意我設計戰略來解決這個問題。

但當我跟別人說這是我在進行的案子時，卻經常被投以不可置信的眼光，問我這樣的問題：「你為什麼要管這事？」

我的答案則是：「因為都沒有人要管啊。」

▼貿易市場亂象

笑裡藏刀和間諜戰只是搞亂市場諸多手法中的兩種而已。中共還有很多不同的戰略可以控制和左右各國市場，像是削價競爭和先低價引人上鉤後，再轉賣其他高價商品（美國禁止），還有老式的惡霸手法。

先談惡霸手法。中國是全球最大海產生產國，二〇一七年全年的獲漁量將近七千萬噸。光是在冷凍漁業就有估計一百萬的從業人員，這也是全球最高。中國的漁業出口在二〇一六年全年總值達一九三億美金之多。

奇怪的是，二〇一七年前九個月，中國在鄰近海域所獲漁獲數量少了11.9%，但在其他海域的漁獲量則比前年增加14.2%。

換言之，中國本身雖然占全球養殖漁業六成，卻還是不足以滿足其國內市場，而必須仰賴到其他海域的漁獲量供給。他怎麼進行的？他會派遣漁船到世界各地去搜括一些弱國的漁產，通常是挑一些海軍戰力薄弱或完全沒有海軍的國家欺負。

先說明一下，在國際公海捕漁並不違法，但如果到厄瓜多的加拉巴哥群島海域捕漁，則違反國際法，二〇一七年八月就有二十名中國漁工被人發現在這裡抓了六千六百條鯊魚。根據聯合國大會所決議之《海洋法》（*Law of the Sea*），一個國家可以從事漁業的經濟海域，是從其海岸線往外延伸兩百海浬。

中國漁船多次被人看到在南美的阿根廷、智利、祕魯等國的海域進行撈捕作業。二〇一六年三月，阿根廷海巡隊捕獲中國船隻「魯煙遠漁」（Lu Yan Yuan Yu）在其海域進行撈捕作業，於是對空開槍予以警告停止作業。魯煙遠漁以船身惡意衝撞阿根廷海巡隊，但卻害到自己，阿根廷海巡隊開槍射擊，結果該船進水沉沒。

現在很多中國漁船上都刻意裝了衝撞用的避震物，藉此讓其他船隻無法靠近他們。雖然中國政府對外宣示自己會對漁船的行為嚴加控管，中國拖網業者的身影卻還是曾被人看到出現在南非這麼遠的地方。

武力豪奪，藉此奪取弱國的國家資源是一種方法。和善巧取，慷慨襄助開發，藉此謀取高利則又是另一種方法。中國目前正在進行耗資數兆美元的一帶一路全球計畫，以興建擴及全球的基礎設施為名，行奪取全球配送貨品權之實。一帶一路的影響所及我們稍後探討，但既然已經談到市場控制，有兩件事值得注意：控制航運是增加對於貿易交流扼殺的方法，而在一些經濟窘困國家建造基礎建設，則是在這些你宣稱要提供援助的國家，增加自己用經濟影響他國的實力。這些誘因，其實可以說是誘人跳入債務和被迫打開國內市場的火坑。

中國藉口提供援助，卻行奪取控制權之實的近期例子，就是他在斯里蘭卡興建大型漢邦托塔港（Hambantota Port）計畫。斯里蘭卡多年來飽受戰火荼毒之苦，誰也不會把他列為積極開發的貿易夥伴。可是，過去十年來，斯里蘭卡總統拉賈帕克薩（Mahinda Rajapaksa）在位執政，由中國政府持有的中國港灣工程有限公司（China

Harbor Engineering Company）和他敲了一樁非常大型的合作案，提供現金並借貸給該國，在該國最南方興建價值數十億美金的深濬港（deep-dredged port）。

拉賈帕克薩總統在二〇一五年斯里蘭卡總統大選中落敗，留下一屁股欠中國的爛帳給新政府。然後中國這時一改當時慈眉善目的樣子，搖身一變為放高利貸的債主，拒絕和新政府談放寬債務條件。於是二〇一七年時，斯里蘭卡政府只好將漢邦托塔港的控制權交給中國，外加海港周圍一萬五千英畝地的九十九年租約。

這下子中國有一個毗鄰且緊緊環繞著印度的海港，讓他可以環伺這個中國製造業的頭號勁敵。雖然漢邦托塔港的租約明定中國不得使用該港供軍事用途，但有相當多人擔心，中國有一天會想要改變合約，畢竟無視法律的事中國本來就常做。

不管怎麼看，中國很明顯沒有提供斯里蘭卡協助，以改善其基礎設施，而只是害該國負債累累，然後藉此奪得其經濟命脈的掌控，謀取這個窘困卻正好位居戰略要衝的國家。

這種提供看似善意的援助給一些經濟遲滯國家的作法，其實一直以來就是中共在幕後操控企業的典型作法。但是，他們所要對方拿出來交換的條件，卻往往不那麼顯而易見。中國長久以來就在非洲異常的活躍。二〇一八年習近平承諾他會在非洲撒下六百億到八百億美金的金援。習近平表面上說：「中國不會干預非洲國家的內政，也不會對非洲強加自己的意志，我們重視的是分享自己的發展經驗，協助非洲國家重獲活力，繁榮發展。」

但是接受中國的金援，卻會帶來很多問題。要是中國為該國搭設無線通話網路，那麼網際網路通訊協定的所有權歸中國。要是中國公司在該國蓋電廠，那電廠的經營權和所有權也歸該公司。這些計畫和上述斯里蘭卡港一樣，可能會害該國債台高築難以脫身。控制重要的基礎建設這一招，讓中國得以對該地區施壓。比如，許多非洲國家都已經被中共施壓不得承認台灣。另外，也難怪這些國家紛紛對中國壓迫維吾爾族、西藏和提倡言論自由人士的行為噤口不提。透過這種作法，金援外交成了中共所設的扼殺自由的死亡陷阱。

傳音控股（Trassion Holdings）是一家位於中國深圳的手機製造商，創立於二〇〇六年，該公司拿下了非洲手機市場，取代全球手機龍頭韓國大廠三星在當地的地位。這家後來居上的手機廠，想出一套專為非洲開發的設計，像是一台手機可以有數個ＳＩＭ卡插槽，這樣就可以讓多位不同的使用者共享一台手機和訊號。手機也特別設計成電池蓄電量較長，以適應非洲大陸電能並不普及的情形。但是該公司吸收消費者的方式卻是以惡意削價的方式競爭，一隻手機竟然可以用五十美元的低廉價格出售。

傳音控股成功靠著創意和惡意的低價取得非洲市場，但這樣的價錢所損失的利潤，是否由中國銀行在背後支撐？沒有人知道。這些新吸收的非洲用戶，可以安心使用手機不怕自己的隱私、資料外洩嗎？這的確值得擔心。和許多中國企業交手，中共在其中動手腳的風險可能性都不能排除。上文也已經提過，每一家中國企業的董事會裡，都必須安插一位中共幹部擔任董事。現在這麼多非洲國家都使用傳音控股製造的手機，他們所冒的風險，也同樣出現在全球任何一位使用中國製通訊設備、手機品牌的消費者身上——他們手機中的資料，隨時都可能成為中共為達到經濟、或是取得社會控制等目的時違法使用的對象。

▼圈地為王

「稀土」這名字聽來像是前衛搖滾樂團的團名，不過這其實是一系列化學元素的總合名稱，包括了鏑、釹、鐿等，這些名字聽起來好像是《星際爭霸戰》（*Star Trek*）影片中的行星名字，其實都是數位時代不可或缺的元素，在製造智慧型手機、電腦硬碟、雷達、以及先進武器中關鍵配件時都會用到。

據說當年鄧小平曾經說過：「中東有石油，但中國有稀土。」其實世上其他地方也不乏稀土的存在，像是美國加州，當初這裡有一個巨大的稀土礦場，是由現在已經破產的 Molycorp 礦業公司所擁有，但因為後來中國以低價出售稀土，其他稀土礦場就都被迫退出市場。

二〇一九年，中國供應大約全球九成到九成五的稀土，他因此握有世界上所有電子產品製造的生殺權，要誰停產誰就會停產。中共只要做個決定，限制稀土出口數量，或者拉高稀土價格，就能讓電子產品製造商因為成本過高，而遭遇產品沒人買的慘況。

光想就嚇壞人，但這還比不上其他被中國獨占的市場。中國也是全球最大水泥、鋼鐵、還有化學肥料的製造商。中國近年驚人的成長可以從很多龐大的數字中看出來，但其中最讓人目瞪口呆的一項就是，光在二〇一一到二〇一三年間，中國所用掉的水泥量，就比起美國整個二十世紀一百年間所用掉的水泥還多。這太不可能了吧?!可是仔細想想，你就能理解了：根據《經濟學人》雜誌統計，到二〇一五年為止，中國生產全球八成的冷氣機、七成的手機、六成的鞋類。要能生產這麼大量的產品，就需要許多的混凝土來建造廠房，不是嗎？

第四章・軍事危機

大多數讀者應該都還記得，美國長久以來都保有地球上最強大的軍力優勢。

但這優勢早已蕩然無存。

要叫身為美國前空軍軍官的我，寫下上面這段文字，真是教人心痛不已的事。但是美軍真的該好好面對現實了，而且其實，早在二十年前就該開始面對現實。

美軍的全球優勢是在前總統雷根時期的「實力帶來和平」政策下打下基礎的，在這政策下，美國開始比其他國家花更多經費在武器、軍備和軍隊上。可是，雖然這筆花費持續高漲，美國政界和軍事領袖卻始終未能察覺，這數十年來中國已經改弦易轍，換成打策略戰了。因為美軍缺乏這樣的認識，導致美軍在各方面的領先差距都一一被中共的人民解放軍拉近，不管是戰略上、地域上、科技上、或是數位等項目都是如此。

這些加總起來，再加上美軍從一九九〇年代左右開始，對於軍事研發經費、以及所有高開支軍力部署的縮節等等因素，正說明了為什麼美國軍力優勢會逐漸喪失的原因。

在部署軍隊方面，美軍希望能夠達到移防敏捷且反應即時。在很多方面，對於全球性緊急事件上的軍事時機掌握和移防速度，美軍依然是居於全球之冠。可是美國軍工產業以商業為先的積習難改，讓它素來著重短期硬體採購和軍事武器，卻犧牲研發，未顧及長程計畫，也未針對國防產業基礎重新思考，這些都阻礙了美軍自我調整、重新整頓和戰略布局。五角大廈的高階軍事將領首先要了解一件事，那就是現代作戰的戰場，也包含網路以及經濟財務。美軍的軍事資料，有獲得跟實體軍事部隊一樣的網路部隊保護嗎？在經濟方面，美軍的財經辦公室在哪？而對付敵方宣傳戰的美軍反宣傳辦公室又在哪？

我這麼說絕對不是要看輕美軍，而是恨鐵不成鋼。自從蘇聯解體以來，美國挑起守護世界和平的國際警察重擔，靠著美軍才能夠確保非洲、歐洲和中東等地的局勢穩定，戰爭一一結束，和平長存。同時美軍也在阿富汗和伊拉克進行長達二十年的作戰。這兩場仗耗費甚多，許多原不該我們負擔的經費，後來都落到美國頭上，許多北大西洋公約組織成員國原本同意要共同分擔的經費，最後都推給美國獨力承擔。這些戰爭都要動用龐大軍力、戰備裝置，投入數十億美元，這讓美軍陷入苦戰，也逼得美國國防部無法提撥經費在軍武研發、社交網路戰，以及開發中國無法防禦的武器系統上。

就在美軍疲於奔命、和塔利班、蓋達組織、伊斯蘭國交戰之際，中國全神投入在非軍事戰役中：他們籌組龐大的網路作戰部隊，獲取複雜的武器科技，興建海港、島嶼以及軍事基地，設置通信技術做為間諜戰的利器，並利用美國人的投資金額來建構他們自己的國防系統。

▼面對現實

沒有中國供應鏈，美軍連一場仗都打不成。

好吧，不盡然，打還是能打，但撐不了多久。因為現在美軍從中國所採購的物資、材料，數量之龐大，爆出來會讓你嚇到說不出話。雖然美國法律明定，禁止美國軍隊採購非美製產品，但即使是出自美國本身製造的軍用器材，其中卻用了大量中國製造的零件。美軍所使用的地獄火反裝甲飛彈，這種可以從直升機、噴射機、無人機發射的飛彈，其推進器是從中國進口的。美軍的夜視鏡所用鏡片，當中使用一種鑭金屬，大多數都來自中國。美軍軍官擬定作戰計畫，撰寫軍事報告，列印重要文件所用的電腦，也都主要是從中國進口。軍中教學錄影播放時所用的螢幕，都是中國製造。士官兵不執勤時所玩的掌上遊戲機誰造的？大部分也是中國製造。

美軍使用中國產品的名單長到開不完，這情況真是荒謬到極點。

要是中國和美國中間的供應鏈斷了，萬一貿易戰開打，中國對美國實施禁運，美軍想再從中國取得所需物資、產品送到戰場上，都會變成一場夢魘。

諷刺的是，美軍在聯絡通信、向中國下訂單的管道，也同樣仰賴中國：因為美國國內沒有生產任何行動電話，而美軍不僅需要行動電話，還需要相當大量的行動電話。

美國退役陸軍准將約翰·亞當斯（John Adams）在二〇一五年的備忘錄中就寫

道：「美軍在通信器材上幾乎全面的仰賴中國和其他國家，這一點將會成為美軍在戰場上嚴重的致命傷。」

他提出來的這個想法真的讓人當頭棒喝，美軍太多東西委外生產，嚴重到沒有中國生產的產品和後勤裝備，美軍根本就無法保家衛國。

所幸，目前中國還沒興趣對美國發動地面戰或其他實質戰爭。不過，中國卻對提供戰略物資有相當高的興趣。中國共產黨目前把心思都放在靠美軍賺大錢，以填飽他們的荷包，再將這筆錢拿來提高他們的戰略地位，建構他們一帶一路所需的基礎建設藍圖，一帶一路未來終將為中共開路，一旦開戰，即可成為共軍的全球輸送帶，同時，這筆錢還可以用來為中共解放軍購置高科技的軍事武器。

其實，使用西方資本，本來就是中國共產黨建軍的戰略之一，更別說要利用西方科技建軍了。蓋布・柯林斯（Gabe Collins）在《外交家》（*Diplomat*）雜誌中就報導：「從二〇一三年一月到二〇一五年一月，中國船舶重工股份有限公司（China Shipbuilding Industry Corporation, CSIC Limited）、以及中國船舶集團（China State Shipbuilding Corporation, CSSC Holdings）兩家公司所售股票和債券獲利 222.6 億美金。」

柯林斯頭腦很清楚，他寫道：「從股市每賺到一塊錢，就可以投入造船廠的基礎建設、員工薪資、以及戰艦設備，中共國防預算也可以多省一塊錢，移到其他用途上。」而且要知道，中共海軍的艦艇數量已經遠遠超過美國海軍。到二〇一七年為止，中共海軍共有三一七艘船艦，而美軍則只有二八七艘。

關於美中海軍軍力的比較，容我稍後再提，這裡先來談另一件事，中國也曾為了資助其戰爭機器方便其圖謀不軌，不小心導致反效果。這個事件可以讓我們看到，中國是如何以有害西方國家利益的方式積極吸引海外投資，但其後續發展也讓我們看到，只要遵循公平貿易的國際規範，就可以有效扼阻中國的野心勃勃。

二〇一五年七月二日，香港交易所發行了一份文件，表示中國交通建設股份有限公司（中國交建）（China Communications Construction Company, CCCC），這個世界最大海港疏浚公司準備招募資金開設分公司「中交疏浚」（CCCC Dredging），中國交建提出的首次公開募股、預計籌到八億到十億美金的金額。

當時正逢南海南沙群島出現人造島，引發國際議論紛紛之際，許多報告均指出，中國交建正是這些人造島的幕後黑手。這些人造島被國際社會許多成員視為非法人工建設，造島目的是為了安置攻擊性軍事設施，以支持中共對這片國際水域的主權宣示。中共這幾座人造島中有一座永暑礁（Fiery Cross Reef），上面造了一條三公里長的飛機跑道，還部署有飛彈、雷達等設施，這些都是由中國交建前往部署，耗費估計達一一〇億美金。

中國交建介入建造人造島和島上軍事設施的事，對許多股市觀察家而言是個重大的危險警訊。像觀察家羅傑．羅賓森（Roger Robinson）就持這個看法。他的全球風險顧問公司RWR諮詢集團（RWR Advisory Group）取得中國交建的招股說明書，該說明書中完全沒有提及中國交建在南海的造島工作。但明明中國交建參與造島事宜已被公開報導，還引來國際譴責，該公司其實很有可能因此而陷入法律紛爭。再者，美國佛羅里達州參議員魯比歐（Marco Rubio）在二〇一七提出的法案：《南海和東海制裁法案》（*South China Sea and East China Sea Sanctions Act*），至今雖然還在國會審議過程，但該法案將鎖定「在南海海域協助建造或進行開發工作，並招致東南亞國家國家聯盟（簡稱東盟）會員國不滿的中國人」，一旦該法案通過，中國交建就會因為涉入南海造礁而遭到美國制裁。

羅賓森的諮詢團隊向香港交易所查詢，中國交建是否有在其他提交文件中坦承自己涉入建礁事宜，香港交易所的答覆是沒有。

羅賓森解釋：「我們於是清楚的告訴投資人，該公司非常有可能會受到制裁，此事將對希望持有該公司股票的投資者，帶來巨大風險，建議審慎理性評估。」

香港交易所的代表於是又回頭找中交疏浚，要求該公司將造島事宜寫入自己的招股說明書。但中交疏浚卻予以回絕，堅稱造礁一事並無可議。

羅賓森轉述他們的說詞：「他們說：『我們不會坐實該海域是有爭議海域的說法。該海域屬於中國主權，就跟美國埃克森（Exxon）石油公司在新澤西州鑽油一樣。』他們真的用這套說詞來主張！」

羅賓森的團隊於是向香港交易所提出警告，說如果香港交易所放行中交疏浚招股說明書，那香港交易所自己也有可能面臨法律行動，因為香港交易所既已事先知道該公司股票的風險所在，未來肯定會遭遇後續的集體訴訟。

羅賓森說：「後來香港交易所回頭去找中國交建，跟他們說：『不行，我們一定要堅持不放行。』中交疏浚於是撤回招股說明書，放棄公開募股。他們於是眼睜睜看著這十億美金飛了。據我所知，中國在南海造礁，從事不法，但從頭到尾，唯一讓他付出慘痛代價的，就只有這次這張招股說明書。」

▼雄風不再的美國航母

關於美國海軍的實力，稍後我們再回來討論。主張美國海軍艦艇在尺寸、性能上遠勝中國的分析家之所以這麼說，主要是因為美國擁有的航母數量、性能和尺寸都超越中共。因為雙方在這方面有如此的差距，會有人認為美國海軍擁有龐大優勢，也不意外。

可惜的是，這種假設卻是大錯特錯。

中國的地理位置和其飛彈的性能，讓他占地利之便形成一套防禦天險。美中兩國畢竟相隔數千英里之遙，美國雖然在日本和南韓部署有軍隊，再加上航空母艦在作戰地理上的出色彈性，中國卻為自己打造了一套足以抵消美國這些攻擊力量的防禦力。

中國目前擁有數千枚精確的飛彈，操縱在複雜的指令控制系統之下。其東風－26型中程彈道飛彈，其飛彈長度為四十六英尺、重達四萬四千磅，可以裝載傳統和核子彈頭，是特地被設計來摧毀航空母艦的。東風－26型飛彈的射程可達兩千五百英里，也就是說，只要是航行在太平洋西岸的美軍軍艦，都在它的射程之內，也包括在日本海軍基地的美軍艦艇。那請大家自己算算：如果美軍要在中國南海部署航母，以備轟炸機可以起落，在中國海域進行任務，這艘航母就一定會進入東風－26型飛彈和其他飛彈的射程範圍。雖然，美國海軍配備有SM－6攔截飛彈，理應俱備摧毀東風－26型飛彈的能力，但中國手中握有體型更小、但射程更長的彈道飛彈數量之多，再加上這些飛彈攻擊速度之迅雷不及掩耳（三十分鐘內可飛六千英里），在目前對美軍船艦足以構成巨大的威脅。可以想像，萬一中美發生衝突，在沒有預警下遭遇突襲，可能三十秒內就會決定勝負，美軍一下子就玩完了。

從經濟效益的角度來看，中共人民解放軍只花十億美金，就能打造出一套飛彈系統，足以擊毀美國花三百億美金打造的船艦。美國的航空母艦的確是非常重要且實力雄厚的戰爭機器，但要以之巡防太平洋海域維持和平，就目前來看，其效率是相當受限的。

中國近年來在飛彈部署上有了長足的進步，但是美軍卻因為受限於一九八七年和蘇聯簽訂的中程核武條約，無法製造此類武器。這個條約要求美俄雙方終止製造射程在五百到五千五百公里內的核子武器、傳統地對空和巡弋飛彈，同時也要求雙方都銷毀國內現有的這類武器。所以到一九九一年前，美國總共銷毀了二六九二枚這類武器。

也就是說，在美國依照條約將自家的飛彈儲藏都清空，自以為可以因此減低危險和兩敗俱傷後。中國卻因為不受此條約約束，反而開始不斷獲取技術來打造大批的武器，囤積軍備。

另一邊，俄國這邊竟也單方面的不再遵守條約。二〇一九年二月間，美國在不斷警告俄羅斯違法在近烏克蘭邊境處部署飛彈未果後，終於宣布自己將要廢除該條約，等於是對於中國飛彈威脅終於做了有效具體的回應。

我不想落人口實，讓人覺得我盡挑海軍的短處來講，所以我也要講講我自己所屬的空軍。美國空軍也同樣好不了多少。美國最引以自豪的空戰機器F-35也因為中國科技進步，而抵消其原本的優勢，這我等一下很快會提到。

中國還在太平洋上打造了非常精細的飛彈指令控制網路，名為C4ISR（指揮、控制、通信、電腦、情報、監視與偵察）。這套網路系統使用科技（電腦）來模擬軍事行動的決策（指揮和控制），還具有整合和分析軍事情報（情報、監視和偵察）的能力，並能夠發動（通信）攻擊和防禦動作。我們可以把C4ISR想成是地球上最精細的警報和反應系統：運用地面雷達、遠端感應、有人和無人軍事平台，以及情報資料等行動和戰略上的優勢，用以極大化戰場上的勝算。

美國在太平洋上並沒有和中共C4ISR旗鼓相當的作戰系統，但我們迫切需要一套類似的系統，原因在於現在我們在太平洋上的指揮和控制能力，大幅的仰賴衛星，要是這些衛星遭受攻擊，因此失去功能，那美軍使用傷殺力和遏止敵人武力的軍力就會嚴重受到衝擊。所以，當下美國迫切需要的，就是第二條穩定的作戰網絡，以確保美軍作戰系統能夠在安全無虞的情況下高效運作。

這第二條作戰網絡的基礎就是叫作「5G」的新科技。

請牢記這個詞。美國未來的安全就靠它了。

還記得上文中提到的美軍航空母艦嗎？航母都要靠核子反應爐才能運作，當我一旦摸清中國現在在打的算盤後，我開始對美國國防部的政策有不同的想法，我認為，國防部擔心錯地方了。

▼偽裝善意的戰火

二〇一五年冬季，在任職美國國防部參謀長聯席會議期間，我收到一封電子郵件，通知我說美國將要與中國重簽「一二三協議」，中美有這種協議過去我從沒聽過，所以我就問了一些人，以求了解這個協議。

所謂的一二三協議，其實是美國《一九五四年原子能法案》（*Atomic Energy Act, 1954*）中第一二三條改名而成，這項協議是針對美國與外國在核子技術上分享時的規範。到目前為止，美國已經和其他四十多國都簽有類似的分享協議。

了解以後，我斟酌這項協議的影響大約五秒鐘，當下就有了清楚的結論：與中國簽定一二三原能分享協議是錯誤的決策。我的判斷有幾個原因。

這項協議簽了之後，中國即可向美國西屋電氣公司（Westinghouse）購買其AP1000型的核能發電廠。當然，這些發電廠中的反應爐只是造來生產安全能源之用，出售時也是以同樣的目的出售，這點是很多國家的需求所在。但我一聽到這消息，馬上就知道，一旦中國獲得這些反應爐，只要靠著拆解反應爐、加以專業工程技術的分析，就能夠照著同樣方法造出自己的核能反應爐，因為過去中國一向如此，只要新科技一擺在中國，沒有不立刻被仿冒盜版的。

但是讓中國偷學到造核能發電廠的技術，不管他這樣做本身是多違法、邪惡、又缺乏運動家精神，都還不是我最擔心的地方。

完全不是。

我擔心的是，把這技術賣給中國，會讓人民解放軍如虎添翼，讓他們學到了為海軍打造軍用核能反應爐的關鍵技術，從而壯大其海軍軍力。美國一旦同意重簽這項協定，那就是把一項專門的工程技術賣給公開對美國表示敵意的敵人，讓他們拿來對付我們，這事情絕對不能發生的，因為這等於就是把國防安全機密平白交到敵人手裡。所以我就向上司回覆了我的意見說道：「聯席會議絕對無法同意美國重簽這項協議。」

之後國防部請我解釋反對原因時，我把話說得很清楚，在中國製造核能反應爐，就等於是把反應爐的藍圖交到他們手中，我進一步解釋，多年來中國公司一直在竊取、仿冒美方的智慧財產，此舉無疑是把西屋公司獨家專利的核能科技轉移到人民解放軍手中，讓他們獲得開發核能武器的技術，拿來對抗美國軍艦和軍機。我也向他們特別強調，美軍潛水艇之所以能夠在水下那麼安靜的航行，讓其得以不易被敵方偵測，主要的原因之一就在於它擁有優於人民解放軍現有的核能科技。

但我講的這些事似乎一點也不重要。當天在場負責一二三協議的國務院官員和美國核能管理委員會（US Nuclear Regulatory Commission）代表聽了這番話後全都臉上一副無法置信的表情。

結果是，聯席會的意見完全未被採納，歐巴馬政府中高層的意見壓過我們的意見。我不知道最後決定是由誰拍板，也不知道他們做此決定的原因所在。很可能是一些議院遊說團體施壓歐巴馬內閣中的有力人士得逞所致，也可能是有人認為貿易和稅收比起國防安全來的重要。如果是後者，那又是一個典型的美國人短視近利，無視長遠威脅的例子。這種一切利字擺中間，卻昧於現實情況的思維，是美國人最大的缺點，白白便宜了自己的對手。但是，等我加入美國國家安全會議後，才知道，這樣的情形不僅屢見不鮮，還造成比這更大的危險，於是我開始設想一個更攸關重大的大型計畫。

第五章・數位戰場

上一章所提到，中國利用地理優勢形成天險的作法，也複製在他的數位空間中。就像中國和美國眾友邦之間有著偌大的距離，得以保護他的軍事弱點，中國在網路所建造的防火長城則成為他的數位碉堡，讓他鎖國的網路系統不易被外界攻擊。在西方國家，網路是為了連結彼此所造；在中國，網路卻是謹守中共嚴厲、極權、思想警察的心態，並且按照他視數據為策略武器的理解去運作：因此，他的網路是以對抗連結為目的所建，以此目標而構成一套網路的防禦系統。換句話說，中國防火牆存在的目的，是為了阻隔並審查那些被中共視為危險的網站而存在的。再者，如果防火牆外有人對中國內部發動攻擊，像是停止網路服務，使用惡意軟體、或者是任何不友善的網路攻擊，這類中國人民解放軍數位組織（PLA）自己每天都在做的事，中國官方卻可以不讓這些外部網路進入中國。

中國人民解放軍本身不是一支屬於國家的軍隊，他是中國共產黨正式的防禦組織。因此，人民解放軍六一三九單位，也就是中共軍方所屬的大型網路戰爭支部，是一支由中共政治意識所支派、存在著敵意的軍方部隊，用來對西方發動日復一日、快閃式的網路文宣攻擊。這支網路部隊現在是中國超限戰策略的核心部隊。因為有了這支部隊，中國才有辦法說：「我們完全不會動用軍隊，我們只會使用網路戰士，以此動搖敵人，破壞敵方的經濟和政治系統。」目的是運用所得到的影響力，藉此脅迫他國接受他的價值觀：該怎麼組織社會，人民能有什麼權利，應該採取怎樣的經濟決策以圖利中國。

為了做到這一點，中國聘人民為駭客，在網路上監控他人行動。二〇〇八年，無數正式研究報告揭露，中國政府以五毛人民幣（約合七毛美金）一篇網路文章的方式，聘請數萬中國網民，在網路上撰寫宣揚中共政策的文章。也因為此舉，出現所謂「五毛黨」這樣的稱號，批評者以此稱那些盲目對中共政策效忠的中國網民。

到了二〇一三年，五毛黨的數量爆增。中共官媒自己報導說，中共的文宣部聘用兩百萬名「輿論分析師」。這個數字後來肯定更上揚，因為有大約千萬的中國學生，志願在不分國內外的網路上，擔任這種監控和製造假消息的工作。同時，中國人民解放軍的駭客，也開始對美國公司、政府機構、政黨派系發動各種網路攻擊。

因為網路本身的隱匿本質，位於北京的駭客，很容易就可以讓電腦的位址顯示在類似拉脫維亞之類的他處，所以大家可能會覺得一定很難找到這類網路攻擊是出自何處。但其實，很多時候，因為這些來源洩露出其他容易被認出來的模式，而很容易被查出來。例如，美國企業界最近紛紛發現，網路上頻頻發動的攻擊，往往都會在每天特定時間突然同時停止：紐約時間的晚上十一點——這正好就是中國時區的中午用餐時間。然後，一個小時後，非常的準確，等這些中國網軍都用過中飯後，攻擊又會重新開始。大家猜，這樣的攻擊模式，何時會開始休息，然後一休就是十二到十四小時之久呢？美國東部標準時間凌晨四點整，正好就是這群人民解放網軍使壞大隊辦公室下班的時間。

人民解放軍在網路上打很多東西的主意，數都數不清。竊取技術藍圖是一種，這可以讓中共學會怎麼造出高科技的風力發電機，或者是某種有申請專利的化學合成物，這可以用來搞垮對方公司，或是賺取大量金錢，乃至供各種戰略目標使用。

不過，這都比不上盜取大量網上數據，入侵他人的電子郵件來得更具有價值，因為這樣可以讓中共大量散播各種訊息，讓他可以發揮大幅度影響力。直觀上，獲取他人的電子郵件或是文書，本身就可以用來敲詐、勒索。這在西方國家就已經屢見不鮮了。比如說取得人家的裸照，或是可以揭露財務金融上不當行為的私人訊息，或是在一些閨房私密的醜態等，都足以讓我們任人擺布。不過，除此之外，還有更多複雜且不為人知的小手段，可以透過網路來達成任務。

比如說，如果一家連鎖飯店的房客資料庫遭到竊取，或是公司員工的通訊資料遭駭，銀行中客戶信貸報告遭竊，這些資料都可以用來交叉索引查找，進而找出被鎖定的對象，再迫使他接受擺布。這類作法可以找出企業中的關鍵高層，追蹤其出差到過哪些地方，也可以知道哪幾家公司彼此有合作，或是可以收購，任何員工有財務困難也都可以知道。用這種方式，原本看似不相關的資料，卻可以抽絲剝繭從中拼湊出足夠採取法律行動的情報。這方法可以視中共的目標，因應不同的戰略攻擊行動，決定要選擇哪些人和企業下手。

上一段的描述聽起來似乎很極端又很複雜，但這正是《超限戰》一書所闡述的核心概念。將零散片段的資料拼湊成有用的資訊，是現代世界最強而有力的武器。該書想要說明此點，這樣的資訊，就跟從前的炸彈一樣有力。在中國人民解放軍手中，發動網路攻擊以取得資料，既有毀滅性又有建設性，因為它可以請君入甕，又可以達到擾亂西方世界的目的，作法是在網路上安設陷阱、突襲、以及進行情報行動。這些行動的目的是不為人知的盜取網路資料，進而讓中國累積實力和影響力。在經濟戰那一章，我已經詳述過一樁複雜、高風險的網路害人行動；在這一章，我要再談兩樁較小的案例，讓大家看到中國是怎樣監看網路行動並進行不當的數位影響。這兩個案例最讓人毛骨悚然的地方在於，涉案者被捲入這麼具有左右力量的強權行為中卻毫不知情，只能無辜的遭人呼來喚去，毫無自我防備的能力。

▼教人不安的羅伊瓊斯案

二〇一八年一月，四十九歲的羅伊瓊斯受僱於萬豪酒店（Marriott International），在其位於內布拉斯加州的奧馬哈市顧客契合中心上班。

有一天，他在維護公司的推特留言時，看到有一個西藏獨立運動團體在文章中引用萬豪集團的世界國名列表，其中萬豪集團根據最近的一項調查，將西藏列為獨立於中國之外的地區。

因為職責所在，瓊斯就用公司的官方回饋帳號，給這則推特貼文按了一個讚。就這麼一個讚，連瓊斯自己事後都不記得自己有沒有按，導致日後一連串讓人又難過又忿怒的連鎖事件。就單單這麼一個讚，讓一家美國企業，向中國的壓力低了頭。

雖然推特在中國是被封鎖的，但顯然中共派有專人在監視網路上這個鼓吹西藏獨立組織的推特留言，因此被監視者發現兩件事：萬豪酒店連鎖飯店集團竟然將暗示西藏為獨立國家的調查公開刊載於網路上，其次是，萬豪的推特發文竟然給那個藏獨組織的公開推特發文按了讚。

這兩個沒什麼了不起的網路小動作，卻被中共視為大禁忌，還有人為此大費周章向上海市旅遊管理局打小報告，結果有人向萬豪酒店代表抱怨這份調查，以及藏獨組織的推特貼文。結果是，上海市旅遊管理局下令，要萬豪酒店公開出面道歉，並且要求「嚴懲經手人員」，整件事都被華爾街日報（*The Wall Street Journal*）做了公開的報導。

三天後，二〇一八年一月十四日，萬豪酒店將瓊斯開除。瓊斯接受華爾街日報訪問時說：「我簡直丈二金剛摸不著頭腦，公司從來沒有訓練我們，當遇到事情與中國有關時，應該注意哪些地方。」

顯然，萬豪酒店的領導階層從來沒有學過怎麼保護員工，或者是保障言論自由這類的事。該公司在財務上對持股人有責任，是沒錯。但他同時也對員工和國家有一份責任在，因為是這些人幫助萬豪茁壯成長的。

羅伊瓊斯在這件事上的遭遇，不僅僅是因為公司管理決策不當，也同時受害於中國對於社交網絡的監控能力，以及其在經濟上的影響力。我們越往下看就會知道，羅伊瓊斯的遭遇，有一天很可能也會發生在任何一位美國人身上，而原因則可能只是觸犯中國當局的禁忌。

▼網路騙取足球迷個資

張三（化名）是一家規模中等的科技公司僱員，只要隨便點開他的LinkedIn網頁，就可以知道他的工作職稱、主管大名、以及他是哪間大學畢業的。要是也找到他的臉書，再追蹤他在哪些頁面上點過讚，就會知道更多他的個人資料，比如說，發現，他經常為自己母校的足球隊喝彩打氣，他不只在球隊的網頁上按讚，同時也訂閱該隊為粉絲發送電子新聞郵件。

這樣的個人資料，本來不會讓人有洩漏個資或是有危險的聯想，但是在不懷好意的中國網軍眼中，這些資料就等同於親筆簽名和網路密碼的隱私層級一樣有用。

有天張三上班時，看到自己電子郵件信收件匣裡，有一封該球隊寄來的新聞郵件。（只要Google搜尋到他公司電子郵件形式，可以推測出他在公司使用的電子郵件網址。）他打開郵件，這封信也的確跟他向該球隊官網訂閱的新聞郵件相似，接著他就開始看信中內容，信中出現一段附有超連結的文字，連結到另一篇文章，但其實這段超連結和文字都不是真的超連結和文字，這些是網路竊取個資的手法

（phishing），這個連結是駭客的陷阱，在連結按一下滑鼠左鍵，就等於點開一個惡意程式碼，幫駭客建立一條路徑，可以連結到他任職公司的電腦系統中。中國駭客就這樣可以竊取該公司的計畫、電子郵件、技術細節。張三任職的公司事後發現異狀，請了一家查帳公司來幫忙調查，該公司循著駭客的攻擊，找到張三的電腦，逐一拼湊出真相，才知道原來，駭客是利用張三公開的網路資訊，鎖定他後，再一步步取得其任職公司的資料。真的是巧取豪奪無所不用其極。

就因為這樣，中國得以掌握張三公司所有產品的設計和客戶名單，連研發資料也都一併落入中國手裡。在這些資料到手後，中共再用這些資料開一家新的公司，用各種策略和張三的公司競爭市場，結果是，張三的公司反而快經營不下去了。

正如上一段所提，這些事會牽連到普通美國小老百姓。他們什麼都沒做，只是想討個生活，卻偏偏因為中國沒完沒了的想左右市場，主導局勢，而成了中國威逼武嚇、巧取豪奪的幫兇。這些無辜的小市民，只能靠美國政府和企業界的高度戒備保護，並和中國脫勾——想防止同樣情形發生在其他美國公民身上，除此之外別無他法。

可能連你我也難以自保。

▼重新部署

人民解放軍在那頭組織了這麼一支上百萬人組成的中國網軍，攻占數位戰場，美國這邊卻是被承包商、政治遊說團體、政客綁手綁腳，要求美國要繼續和中國做生意。就像美國眾議院軍事委員會（House Armed Services Committee）主席眾議員亞當·史密斯（Adam Smith）接受採訪時所言：「我能夠理解軍事工業界他們希望政府花錢在國防預算上的動機，他們一定也是這麼向各位媒體說，但是，他們想要增購國防設備的動機，卻不必然就反映國防所需的現實層面，這個動機只反映他們需要錢而已。」

史密斯的話並沒有錯。

更糟的是，這樣的政治遊說和為國防工業爭取預算的手法本身也缺乏效率，誤導外界觀感，而且讓美國內部產生分裂不和諧。因為，他們的說詞，讓美國整體因此失焦，無法看到什麼問題才是當前最迫切需要解決、用錢的地方。

二〇一八年，創於二〇〇九年的美國網路司令部（US Cyber Command, CYBERCOM），被美國國防部指派為國防部所屬十個統合司令部之一。其任務為計劃、協調、整合、同步、並指揮行動，以「指揮特定國防部訊息網路的行動與防衛；並在接到命令後，能夠有充分的準備，來進行全面性軍隊網路空間行動任務，以求能夠在各方面都幫助作戰，確保美國和盟國在網路空間的行動自由，並遏阻敵方在這方面獲得同樣的行動自由。」

這總算有了個好的起步，但光這樣是不夠的。以今日的情勢和美國的經濟規模而言，因為全部都仰賴數位平台運作，所以網路防護一定要做到密不透風、十全十美才行。國防部應該把美國網路司令部的地位拉高，讓它成為和美國陸軍、空軍、美國國家海岸巡邏隊、海軍陸戰隊和空軍同等級的第六個軍種，預算和人員的數量也要和其他五個軍種相當。這一點非常之重要。

美國需要數位網軍戰隊，以保護美國的企業和基礎設備。美國電力網的重要性，不下於國界的重要性，因此同樣需要國防保護。而且，可能需要保護的程度還比國界來得高：沒有電力，美國社會就無法運作。電話無法充電，電腦會當機，維生設備會停止運轉，銀行無法運作，收銀機打不開，紅綠燈不會亮——人人都難以維生。

網路國防的問題，像是在網路上未經查核、不負責任即可取得融資，或是在網路上隨處可以買到仿冒商品，或是盜取網際網路通訊協議，盜取智慧財產。這些問題都一再被美國政府領導人拖延，沒有獲得正視。

然而，這種現代戰爭形式的攻擊行動，這些網路戰爭，卻是每天上演。我們打算怎麼辦？

▼社群網路攻擊

雖然「心理戰」這字眼相當晚近才出現，但這個概念其實由來已久。廣義解釋，心理戰就是用言語削弱對手信心，或是讓對手恐懼、分裂。網路世界正好提供了很多大型、未被監督的平台，適合進行這類的心理戰。在還沒有網路以前，文宣工作主要是靠兩個階段的部署。首先，大剌剌的將毀滅對手的訊息放出來：像是大量的傳單，在廣播節目放送，不斷在報紙上發文章讓流言滿天飛。其次，讓這訊息不斷被傳閱、重覆。但這些作法，只能夠針對鎖定的族群不斷轟炸，卻不能測知這些文宣是否真的有效被傳播。從飛機上丟傳單下來，在還沒被拿到以前，可能就全被有心人統一拿走、燒掉，也有可能被誤以為是天書，當神一樣膜拜。這後果很難預料。

但現在有了網路和社群媒體，這些剛剛發展出來的新世界還沒有人在管理秩序、維護訊息，心理戰等於找到一個全新且可以致命的領域大顯身手。社群媒體是施放假消息、搞分化、破壞和諧、編故事、動搖群眾、干預民主運作機制、煽動暴亂的好工具。在社群媒體中搞這些事，效果強大且手法非常細膩，可以做到幾乎不為人察覺的地步，就像是無色無味的毒藥一樣。這種手法以前就出現過，影響程度可達國家層級：俄羅斯曾在二〇一六年美國大選中主導這樣的心理戰，在選戰過程中動搖一些搖擺州的獨立中間選民，藉此讓選情不利希拉蕊．柯林頓（Hilary Clinton）。

雖然到目前為止，還沒有查出中國干預美國大選的具體事項，但他絕對有在動腦筋，想要左右某些事。下面這段話，是引自中國中央網絡安全和信息化委員會辦公室（Cyberspace Administration）下所屬的理論性研究中心小組（Theoretical Studies Center Group），這段話很清楚點出中共意圖進行的網路攻擊目標所在：

強化對於網上公共意見的領導。以黨和國家的整體現狀為主軸，有效宣傳國家改革和發展、以及經濟生計與宣傳，並提供關於經濟現況的政策解讀。消除疑慮並增進信心。積極使用新的科技與新的應用程式，來有效領導網路群眾意見的走向，掌握網上情緒的演變與法則，防止網上熱切討論議題與人民的經濟、社會生活有關，防止大型事件與群眾意見演變成網路意識型態模式與議題。在網路留言和公共意見領導上扮演重要角色，讓網路空間得以淨化。

這是中共政府政策單位公開表示，其政府的網軍應該進行積極的文宣工作，以形塑公眾意見。這份文件的標題更是擲地有聲：「深化總書記習近平網路強國的中國實踐之戰略思想：穩定加強網路安全與資訊工作」，簡直把中共對於網路和社群媒體貼文的終極目標講得更具體了：「網上正面發文必須變得更大量、更強而有力，這樣黨的思想才能永遠成為網路空間上最壯盛的聲音。」

凱瑟琳・卡莉（Kathleen M. Carley）是學術界最早探討社群網路安全性科學的先鋒學者，她原是卡內基美隆大學（Carnegie Mellon University）的社會學系教授，現在則是卡內基美隆大學電腦科學學院（School of Computer Science）附設軟體研究所（Institute for Software Research）的教授。大致來說，在這裡她主要研究運算、組織、社會之間的連結。如果要講得細一點，她是研究社群網路戰方面的頂尖研究者，這類研究是想知道有心人可以利用推特、臉書、Reddit、Instagram 等社群網路平台，來操縱使用者，推動、影響政治目的，發動假消息宣傳，導致社會分裂和衝突。

根據卡莉和研究團隊的研究，目前，所有的社群媒體平台基本上就做兩件事：提供用戶和特定用戶的聯繫、以及提供用戶和特定內容的聯繫。這類平台有一套演算法，讓這些聯繫根據用戶喜好排定優先順位，據此提供用戶內容，決定哪些東西用戶會看到和讀到，並據以推薦訊息和其他用戶，讓用戶可以追蹤。想要對他人造成影響力的團體或是國家，就可以建立訊息，並且啟動用戶：包括電腦程式設定的網路機器人，利用社群媒體的演算法優先順位邏輯，以利讓自己發散的訊息被看到。這些網路機器人大軍可以大量按讚並且將訊息不斷反覆貼送，讓他們所想要操弄的貼文獲得一種同溫層內的迴響效應，有心人就可以藉此以驚人的速度置入假消息並在社會中散播分裂的種子。

這是最恐怖的心理戰形式。

卡莉也證實，中國對於持續監控社群網路一事有高度的興趣。她指出，北京清華大學的媒體實驗室收到一整份中國受歡迎的微博網路平台的用戶資料，這裡面包含微博網站四億五千多萬用戶的所有貼文、貼圖、上傳影片、流行用語、詮釋資料等，全都由中共官方交給這個實驗室進行分析。

卡莉說，中共這種對於網路監控的嚴密程度，正是某些對於中國網路監控有顧慮的人之所以選擇使用虛擬私人網路（virtual private networks, VPNs）的原因，透過虛擬私人網路，就可以連結到中國官方所設防火牆外的世界去。使用虛擬私人網路發送訊息和貼文，可以避開官方的窺探監控。這也是為什麼中共禁止中國網站提供虛擬私人網路程式和訂購的原因。

想要進行網路社群戰爭的人，最想要得到的就是社群媒體平台的完整資料庫，這一來可以讓你把整個社群網路平台的架構摸得一清二楚，知道裡頭用戶彼此之間的連結；二來則可以透過分析資料，確定這個平台上設定優先順序的演算法，例如：替用戶排序的原則，這些用戶的貼文、按讚和回文是依什麼方式來區分重要性；轉貼的文章是怎麼獲得關注、加標籤如何讓貼文被更多人看到。這類的資訊可以用在未來的網路戰爭行動中，以求造成最大的衝擊效應。卡莉說：「就算不作戰，至少也能製造些假消息或是創些假群組，藉此利用這些平台的演算科技所排的優先順位邏輯來達成自己的目的。」

在網頁上的演算法還沒開始運作前，能夠搶先取得特定網頁內容，也是卡莉很擔心的：「要是有人能夠在網頁上線前運用演算法，在將特定內容送給特定讀者之前就取得這些內容，那就可以移花接木，利用類似換臉技術（deepfakes）的手法來移形換位，改變網頁貼文的路徑，影響貼文流傳的方向和族群。」

這方法連別人的貼文內容都可以篡改。

▼擴展全球影響力

卡莉的研究原本只專注在研究俄羅斯，想探討其如何運用網路在美國和英國製造分裂，以及在衝突之間煽風點火，但她在二〇一九年也開始研究有人利用社群媒體來操縱影響菲律賓和印尼的全國性大選，而這兩國都剛好在最近突然和中國特別親近。

菲律賓原本一直和美國有很強的連結（而且該國擁有全球第四多的英語使用人口），其總統杜特蒂（Rodrigo Duterte）向中國強要一筆高達二四〇億美金的金額，包括投資，信貸和借款，名義上是要為菲律賓的基礎設施做升級的動作。但自從這項協議在二〇一六年宣布以來，卻始終沒有多少升級的行為出現，杜特蒂本人也因為滿天畫大餅卻完全沒有履行承諾，上了中共的當，讓他因此在國內飽受抨擊。

卡莉說：「我們看到在二〇一六年菲律賓大選中，網路機器人被拿來干預大選，以支持杜特蒂，支持基礎建設開發，以及支持和中國簽約。我沒有辦法真的追查網際網路通訊協定的位址，然後確切的說，千真萬確，我可以保證這來自中國。

但是，這些行動的確是有利中國。」

卡莉也指出，同樣的，針對印尼社群媒體的研究，在分析當地非常受歡迎的推特以後，也偵測到網路機器人在背後支持當時印尼現任總統佐科威（Joko "Jokowi" Widodo）和其黨羽。印尼身為全世界穆斯林人口最多的國家，根據《亞洲週刊》（*This week in Asia*）的報導，佐科威卻對中國迫害同樣信奉穆斯林教的維吾爾族一事完全視而不見。但是對於與中共總書記習近平會面，他卻一點也不遮掩，前後見了五次，另外他也極力歡迎中國投資，其金額從二〇一五年到二〇一六年一共增加了三百倍。根據美聯社（AP）報導的說法：「佐科威的政府不願意公開批評北京當局，因為擔心會因此影響中國對印尼的投資。」

要是中國真的有針對印尼進行左右政局的行動，那他的手法肯定比當年俄國的手法來得更細膩。卡莉說：「表面上看起來，好像他們沒在搞分化，他但他們絕對有想要匯聚一種聲音，讓大家覺得中國才是好人，大家應該喜歡中國，喜歡中國的作法，我們的方法比較有效。」

這套戰略緊貼著一整套技巧，這我們在接下來討論政治和外交的那章會提到，這個戰略就是：中國人很能言善道，知道怎麼把話說得讓你覺得好像他是在為你著想，然後讓大家都信任他。

當然，如果要說到信任的問題，那就沒有比 5G 更需要信任的競賽了。

第六章・現代戰爭5.0版：5G未來

二〇一四年美國國防部副部長羅伯・沃克（Robert Work）接受指示負責「國防創新倡議」（Defense Innovation Initiative），當時這項計畫被稱做是「第三次武器競賽戰略」（Third Offset strategy），此詞沿用自美國軍事史上最成功的兩次軍事計畫。第一次武器競賽戰略發生在艾森豪總統時期，他決定使用核子武器做為嚇阻，以反制蘇聯在傳統武器上領先的地位。第二次武器競賽戰略是由美國國防部長哈洛德・布朗（Harold Brown）、以及美國國防部研究與工程副部長威廉・培瑞（William Perry）在卡特總統任內所發起，隨後在雷根總統任內沿續發展，這項計畫以美國在先進軍武科技，像是隱形戰機、精密導航式飛彈、以及衛星窺探敵情上做大量投資。這些先進武器是用一九六〇年代和一九七〇年代劃時代的設計和研究建成的，這些研究和設計都是使用國防部的預算。在當時，美國的人均所得中有2％花在研究和設計上。但今天，美國只用了人均所得的0.7％。蘇聯帝國的崩解，正是拜第一和第二次武器競賽所賜。

第三次武器競賽，是「希望維持並強化美國在二十一世紀軍事武力的優勢和領先地位，要以整個國防部投入，希望找到創新的方式，從而投入大幅金額，以完成這個大規模的計畫。」根據歐巴馬總統任內的美國國防部部長海格（Chuck Hagel）所言，此一計畫要推動美國的科技創新。海格更說，此事勢在必行，因為「美國這十多年來，辛苦把精力耗費在為他國局勢的穩定及重建上，俄國和中國卻趁機在軍事現代化上投入大量金錢和研發，我們原本的軍武科技優勢，因此相形失色」。

羅伯．沃克雖然開始「國防創新倡議」的執行工作，他和海格卸任後，接任的國防部長艾許．卡特（Ash Carter）卻發現自己接下的這份任務全然不是他想像的那樣。美國國防部原以為只要找科技業合作，雙方共享一些資源，就能夠打造出獨步全球的領先戰備系統。可是，他沒想到，中國在這之前就已經靠投資和中國科學家兩者，完整的滲入科技產業。美國沒能及時察覺，這些國防部找來合作研發武器的私人產業中，都有中國人牽涉其中。國防部和Google簽有合作，也和蘋果電腦有合夥關係。中國科學家經常和美國的科學家一起工作，連研發美國軍隊的武器設備都不例外。因為有這些業界合作關係，造成任何以美國軍隊為名的工作，都很可能最後交到中國科學家手裡完成，或者或多或少分享給中國科學家。

換句話說，當網際網路誕生後，經濟安全與國家安全更是緊緊的連在一起。現在，矽谷產業的興盛，以後不再能夠與美國國家安全一分為二，各管各的了。我以政府高層的身分發出警告，憑著自己第一手所見識到的中國戰略，知道他們如何鑽漏洞，如何利用美國傳統對於商業與政府、經濟安全與國家安全兩方面公私部門的清楚劃分達成其目的。我也親眼見識到，美國企業界在政府部門、議會的遊說團體，對於目前這種危及國家安全的現況有多麼不計一切的想要加以維持，只為了保護他們個人的利益。這些我稍後還會再提到。

至於新創市場，不斷推陳出新的尖端應用、以及創新產品蓬勃湧現，中國也一樣始終只對購買還在開發初期的科技感興趣。二〇一五年，中國投資客出現在二七一項對美新創交易中，其交易總值是一一五〇億美元，這是由美國國防部所成立「國防創新實驗小組」（Defense Innovation Unit Experimental）所發布的報告，該報告也指出：「這占當年科技交易總值將近16％（總值是七二〇億美元）。」

美國空軍尖端的隱形轟炸機F－35，是一架高度電腦化的飛機，透過地面的電腦系統，可以遙控飛機上很多裝置，但這架飛機卻因為中國滲透美國的科技業，而造成它功能受限。建造F－35的零件，有部分其實來自中國，這造成供應鏈變得非常容易遭受攻擊，一方面是國防部提供給製造商的機密性資料變得岌岌可危，飛機本身也因此曝露在極大的風險中。軍方情報因此判斷，中國已經竊得F－35所有的建造藍圖。這不禁讓人擔心，是否有些零件刻意遭人破壞，足以讓飛機因此遭到擊毀，或者是，更可怕的，某些零件本身藏有後門軟體，可以直通飛機的操控系統。如果是這樣，那飛機飛行途中，可能會被中國擊中，或者被電腦駭入，導致美軍連自己的軍方資產都失去控制和指揮的能力。

即使美國擁有全世界能執行最多種任務、機動性最強的隱形飛行器，卻不能信任這台飛機，因為我們沒有一套安全的數位網路以確保資料傳遞安全正確，可以信賴，不會被駭客所操縱、更動。

談到這裡，就必須要談到5G科技。這是劃時代最新的第五代通訊形式。

5G平台和2G、3G或4G不一樣，而且相差甚遠。這不僅僅是電話網路，只供人接收來電、電子郵件、簡訊等。

我們可以把5G想像成是新世代網際網路，但其功能主要是為機器所打造。簡單來講，5G是比4G快了一百倍的網際網路。也就是說，5G幾乎沒有遲滯，訊息從發送端到接收端之間沒有延遲。

5G是比起4G來更快、更直接、更精確的網路平台，透過5G可以進行人與人之間、機器與機器之間、以及人與機器之間幾乎立即性的通訊。這樣的速度和精確性讓5G得以用我們所無法想像的方式改造我們的社會。但是，身為軍事戰略家，我還是必須把眼光放遠，設想當5G的來臨時，會帶來什麼樣的影響。確定的是，到時候，科技的進展會比現在來得更快，原因在於屆時，從程式和感應器取得的資料，就能夠不延遲的傳送給電腦學習和人工智慧引擎。單就優點而論，5G能夠讓現代人的生活在很多方面都過得更好。比如說到時候，醫生、甚至電腦，可能就可以遠距開刀；而許多機器，像是車子需要更換煞車墊，家裡爐具需要清理，冷氣機需要更換濾網，檯燈要更換燈泡等，都可能可以由這些家電、機械自行管理，或於需要有人維修時，通知使用者或者主管器材的相關人員。一些可能有危險的工作，像是不安全的採礦行動、深海打撈重要機具、甚至是伊波拉病毒爆發時消毒診間等工作，可能都可以透過5G遠距遙控機器人來進行。

雖然5G這麼好，可以在未來打造一個無線的世界，連那些埋在海底的跨洲光纖網路線路，到時候都可能會被強而有力的5G所取代。但新的5G網路也同時會帶來新的弱點、新的安全疑慮、新的國家議題。對抗這些新型態國防威脅，美國軍隊責無旁貸。然而，諷刺的是，美軍自己卻還需要別人保護、捍衛。要是我們國防體系的通訊系統被外人滲透，美國國家安全也就出現漏洞了。

我在二〇一七年五月間加入美國國家安全會議時，心裡有兩個目標：讓國安會議成員認識中國對於成為全球霸主的行動和昭然野心，並且讓包括美國國境內和美國盟邦國家的5G網路系統可以安全無虞。因為中國的數位滲透和竊取智慧財產工作已經進行數十年之久，對於5G的布局，中共絕對不會掉以輕心，而且還會嚴正以待。中國最大的電信公司，華為和中興（ZTE）正積極向各國表達願意協助搭建5G網路的意願。這動作讓我起了警覺。

要是中國所屬的電信事業體，在任何一個國家興建、並掌控5G網路，那就無法阻止這家中國公司竊取且挖掘任何藉由這個網路系統交換、流通的數據：所有使用該網路系統的學術論文、研究報告，所有工程藍圖和商業計畫，所有的照片、電子郵件和簡訊全都在他的掌握之中，宛如探囊取物，而且還是西方國家自己引狼入室的。更者，讓中共取得他國網路的控制權，就是坐視中共把該國透過網路操作的科技武器化。此話怎說？試想，要是有人不懷好意，駭入電腦終端控制自動駕駛的車輛或公車，撞向人潮擁擠的人行道去。又或者駭入駕駛無人機的電腦，讓這架無人機飛進飛機航道上與其他飛機對撞。又或者是控制家中的火爐，讓所有火爐在零度以下的寒冷天氣中全都停止。

因為5G的技術和頻域極廣，所以可以讓一平方英里內多達三百萬的用戶同時使用該網域。這是4G所遠遠望塵莫及的，4G只能每平方英里有一萬人同時上網。這也意味著，在一場像是美國美式橄欖球聯盟比賽的球場上，場中每一位在場的足球迷，都能夠使用網路，而且連附近所有的無人機、感應器、機器人也全都可以使用網路，連附近停車場上的汽車都可以享用網路。這樣的5G通訊能力非常的驚人。所以可以把5G想像成是為機器所設的網路系統，因為到時候，網路上大部分的溝通都是透過電腦對電腦。這一來就可以產生大量數據，讓機器學習和人工智慧演算法獲得大量的網路數據，進而不斷改善5G通訊技術，形成巨大的訊息回饋迴路。

5G科技對於社會的影響，也就是對我們的生活模式和工作模式的影響，大到超過我們所能想像。

也因為這樣，如果5G科技的技術被人濫用，其所能影響的程度也是遠非我們所能想像。

說簡單點，**也就是說：任何透過安全性有顧慮的5G網路所傳輸的資料，都可能被有心人拿來當作武器，藉以在地緣政治上獲取影響力和控制。要是被中國取得這樣的5G網路控制權，那他就有辦法可以將整個城市或整個國家的這套技術化為武器，讓這個城市或國家任他予取予求。**

美國國家安全會議是由美國總統國家安全事務助理所主持，這個職務在白宮總統辦公室所在的西廂房也有間辦公室。他手下所屬官員，包括國安會議成員，都不在艾森豪行政辦公室大樓（以前稱為總統行政辦公室）裡辦公，該辦公室就在白宮西側。國安會議中，可想而知專家林立，其中有些人是中東專家、有些是俄羅斯專家，有些是歐洲專家、有些則是核武專家。當然，這些專家都會覺得自己研究的領域最重要，我也不例外。但要是國家安全會議需要關心當前最迫切的危機，這也正是這個會議被國家授與的職責所在，那我必須說，我打心裡知道，當前美國最大的國安威脅，不在伊斯蘭國、蓋達組織、或是伊斯蘭激進分子、或是俄國總統普丁，而是中國。最具毀滅性的，就是中共即將成為全球 5G 網路霸主這件事，所以我想盡辦法要讓國家安全會議了解這點。

可惜的是，因為國安會議內部的權力運作，我未能把自己對於中國戰略的了解，推成國安會議的中心議題。所以我想了一個方法，用間接的方式來吸引大家對於中國對美國國安威脅的關注。我辦了一系列名為「不戰而屈人之兵」的開放論壇，邀請國安會所有成員與會。當中我邀請到多名講者前來討論包括經濟戰、政治戰、資訊戰、以及法律戰，也就是各種不用真的花一兵一卒，就能夠擊潰敵人的方法。

每一次的論壇中會有四十五分鐘的演說、外加二十分鐘的提問，另外還有四十五分鐘的自由討論時間。

第一場論壇上，我請到資深的中國通毛文傑（James Mulvenon）前來發表演說，他也是二〇一三年發行的《中國工業間諜》（*Chinese Industrial Espionage*）一書的共同作者。這場演說非常轟動，台下座無虛席，許多川普總統政府中對中國政策有興趣的官員都到場了。會議最後，大家的討論更是非常熱烈。會中還有一位中國觀察家指責另一位軍事政策專家是「中國擁護者」（panda-hugger），結果兩邊就吵起來。這可不是國安會議中常見的情形。

為了要維持部內和諧，我只好站起來總結，先是感謝大家的光臨，並提出自己的兩點觀察：「首先是我們要能夠了解，我們的敵人不在這個房間中，而是在六萬英里外的中國。其次則是，我們全都『酒精成癮』了，上了中國這種酒精的癮，全都喝得醉醺醺的。我請問與會者以後怎麼打算？」

之後的幾場論壇同樣也是座無虛席，也發揮了相當的影響力。之後舉行的二〇一八年國安戰略會議，我認為就是因為這系列論壇的緣故，日後美國的中國政策和

5G 政策等也都是肇因於此。

之後我就開始擬定一份關於 5G 未來在美國發展的備忘錄，我在其中強調，5G 網路的發展，是國家安全，不應該只當成是生意或是科技問題來處理。這份備忘錄主張，保護美國國內 5G 網路的安全性，對於阻止中國左右美國內政和不友善的行動至關緊要。也正因為保護 5G 對於維護國家安全和自由很重要，因此這應該是由美國政府出面帶領的工作。

這份備忘錄也擬定一份過渡到無線通訊批發給中盤的計畫，我的構想是美國要將軍事網路頻道和私人企業共享，由軍方建構、維護一條安全的 5G 網路，再將頻寬分租給零售網路供應商。由於這樣的通訊網路從源頭開始就是安全的，之後經過加密和保護後，就能確保電信業者購入並提供通往網路的通路，這樣就能夠確保資訊和通訊基礎設施的完整性，進而突破中國在電信市場獨占鼇頭的情形。

我的提案中，將由政府籌建的 5G 網路比做艾森豪總統時代政府籌建的國家級高速公路計畫，後者是一項重大的基礎建設，目的是要讓美國的軍隊、硬體和支援配備能夠流暢的運送到全美各地，這條國家級的高速公路日後刺激美國長途貨運產業的誕生，但是這個耗費數十億美元的龐大高速公路計畫，其原始的發想，則是來自對於基礎設施和國防安全的考量。5G平台也一樣，這也是在建立高速公路，只差在這是資訊的高速公路。

我這樣的類比是從歷史的角度出發，這項計畫在很多方面被認為相當激進，原因是，通訊產業在美國一向為私有企業所擁有、維持營運，這情形已經維持一百年以上，如今通訊產業的產值高達數十億美元，政府介入通訊產業，基本上就是一種違反自由貿易的精神，因此並不可行。畢竟，美國歷史上僅有一九七〇年代美國電話電報公司（AT&T），因為被判定為壟斷行為而被迫分割公司以外，並無其他政府介入通訊產業的前例。

但是，如果認為由政府介入通訊產業是政府越俎代庖的行為，其實是無視於事實和先例。美國政府在很多具有國家重要性的產業中都會介入管控和規範，美國航空產業就必須接受聯邦航空管理局的管理和要求，因為該局負責治理美國領空權；美國國內的反應爐也必須獲得美國核能管理委員會核發的執照和檢查；另外美國食品藥物管理局也有權通過或否決藥物在國內販售上市。聯邦政府甚至連鮮奶的價格也會管！航空、核能、藥物和食品，這四項產業不過是我憑印象隨便舉幾個例子而已，其他產業一定還有更多。所以要說政府為了國防安全監管 5G 的建構是管過頭，實在言過其實，脫離現實太遠。因為，這正是政府應該要做的事。我這人是自由派的，所以除非有此必要，是不會贊同政府什麼事都隨便插手。

可是我的提議被人洩露給媒體，我不知道是誰外洩的，但總之引來外界大肆抨擊，有消息來源向我透露，一家美國大型通訊商的代表團對管理單位施壓，要他們開除我。

顯然，這消息來源說的沒錯。同一週我就接受上級命令，說我的「任務已經結束」。這是官僚系統裡要將我從國家安全會議的職務調職，形同開除的意思。

我想喚醒國家安全會議、以確保美國可以安全運作的努力就這樣胎死腹中。就一方面而言，離開國家安全會議並沒有什麼過不去的。我成功讓川普總統在二〇一八年國家安全戰略文件中，針對 5G 做了一項保證：「我們將會改善美國的數位基礎設施，部署一條安全的全國性 5G 網路。」

我也覺得自己已經成功讓國家安全會議對於中國潛伏戰有了警覺。我的目標本來就是希望能夠讓大家了解有這問題存在，因為只要踏出這第一步，之後好的政策就能夠會機或蘊釀出來。

但從另一方面來看，被強迫離開自己的工作終究不太好受，讓人心灰意冷。最可怕、最讓人氣餒的是，在為祖國效忠二十多年後，竟然因為企業追求近利，犧牲國家長遠安全而害我被解雇。

這已經成了美國常見的情形。這情形一定要有所改變。時間不容緩。

第七章．政治與外交

「戰爭只是公共政策以他種形式的延伸。」

卡爾．封．克勞瑟維次（Carl von Clausewitz）是德國軍事理論家，他在兩百年前寫下上面這句話，當中所講的「公共政策」，正是「政治」（politics）的別名。軍事學者，通常會把這句話詮釋為「政治」和「戰爭」是同義詞。也因此，政治也可以反過來看做是戰爭的另一種形式的延伸。

當牽涉到中國時，這樣的詮釋可以說是再恰當不過了。克勞瑟維次所說的，戰爭是政治行為，或是以政治決策來獲取有利於勝者的結果，完全適用於中共所用的戰略。中共使用政治和外交的手法和欺騙手段，以獲取、擴大中國的影響層面，並讓他省去走上戰爭途徑。這也與《孫子兵法》和《超限戰》兩書的核心觀念相呼應：不戰而屈人之兵。中國人很早就將這套兵法內化，他們深明戰爭所帶來的損失和風險所在。數千年來，中國人一直以務農為生，他們不好作戰，他們築起萬里長城，就是為了要消弭戰事，所以他們解決戰爭的方式，就是將克勞瑟維茲所說的這套理論徹底套用在他們的狀況，且將之反轉過來使用，所以中國人這麼說：「戰爭，我們才不來這套。」中國人反過來把政治和外交等領域當作戰場，雖然要讓自己裝成不像侵略者的樣子頗不容易。因此中共採用一套非常狡猾、奸詐的手法去行賄、談判，不遺餘力，只求達成目的不擇手段。或者，套我們日常生活中的話來說，中共的整套戰略就是要能發揮政治影響力，獲取情報，並且拿錢收買人心。

政治和外交戰的核心就是影響力，這要透過兩個步驟達成。首先要知道，誰才是呼風喚雨的人，也就是說，大權在握的人。其次則是要讓這些大權在握的人去幫你達成目的，但又不能讓他們覺得自己是在為你做事，而要讓他們以為自己是在為自己做事。換言之，中國的外交政策會讓他們想操縱的對象，不知道自己是在幫中共幹些狗屁倒灶的事。要達到這一步，中國政府會先在其他國家面前建立自己敦親睦鄰、樂善好施的好形象，強調一切都只是為了大家變得更好。顯然這一招很管用，才會讓中國在開發中國家所提出的那套高達十三億美金、一帶一路的基礎建設計畫那麼叫好又叫座。中國政府靠這套計畫，試圖在全球三分之二的地區，架構起一道以鐵路、高速公路和海港貫通連結的網絡，中國政府對各國政府畫下大餅，說是要協助他們進入全球經濟體系。但這個計畫其實是要讓中共獲得一個操控這個經濟體系，並且靠著人們和貨品的全球流動從中獲取情報和數據供他使用。

中共的文宣狡猾的宣稱：「不要衝突、不要對立，只要雙贏合作。」同樣的「相信我們，讓我們幫助你」口號，一而再、再而三的被中國政府拿來在各地幫忙談成各種合作，協助他國興建深水港，像他在斯里蘭卡、巴基斯坦、希臘和其他國家所做的那樣。不難想像，開發中國家一定會上當，因為中共提出各種優惠條件、慷慨的歲收計畫，全都看起來有助於該國經濟發展。這些國家的領袖看到，想必一定會說：「這對我國有益……」一旁提議的中國大使當然是忙著點頭附和。但這些交易中一定不會明講的是，這些領袖之所以同意進行這些合作，其實背地裡都拿了好處、收了豐厚的紅包，或是其他的好處。只要能讓別人覺得自己做的這些事對自己有好處，那就會是讓他們點頭合作的最好方法。

拿這事去問任何詐騙集團，都會得到相同的答案。

在敵手面前，只要客客氣氣讓他覺得大家站在同一邊，不用威逼武嚇，只要輕言軟語幾句，讓他們看到好處，或者是放些煙霧彈，讓他看不見背後的龐大負擔和債務，這場戰爭你就贏定了。

現在「外交」這個字的意思已經不一樣了。在這時代，外交這個字會讓人聯想到謹言慎行、溫文有禮的溝通協調，但在過去可不是這樣。外交這東西雖然是由外交使節來進行，既然如此，就讓人不能不想起一句流傳數百年的老話：「所謂外交使節，就是派一名老實憨厚的人，去國外幫他的國家利益扯謊。」說出這句話的人，可以說是外交美好形象最佳的代表人物，他就是亨利．沃頓爵士（Sir Henry Wotton）。沃頓爵士是位詩人，也是位雅好藝術的騷人墨客，在十七世紀時，為英國出使威尼斯。

中國政府就充分利用外交的兩面手法。如果可以，它喜歡的是檯面下的運作，大家關起門來談事情，不要被外界知道。所謂一切攤在陽光下，這種事在西方被視為合法運作的基礎，任何政策的形成和討論都應該公開透明，要對媒體發表聲明，但這種事對中國外交官而言，則是能避免就儘量避免。我當年剛接任美國駐中國北京大使館武官時，中方官員就告誡我，公開任何有關中國的政策，「等同於傷害了十四億中國人的情感」。這話真是荒謬至極。為什麼將涉及中外交議題公開會傷害到中國人的情感？可是，當我日後就任白宮參謀長聯席會議時，這種不能將涉及中國議題政策公開的作法，竟然已經瀰漫到整個美國聯邦政府之中。我不知道這項不得公開中國政策的規定，是否在柯林頓政府或是小布希政府時就形成，但我懷疑那時應該已經有了，因為當時他們就對中國態度很隱密，但我在任時，歐巴馬政府的相關禁令的確是很明確的：這些關於中國的議題，不能公開以免觸怒中國，因為雙方關係的發展牽涉到大幅的經貿往來。而他們用來解釋之所以這麼做的原因，則是因為中美兩國是世上最強大國，兩國必須友好合作，以解決重大世界性問題，像是北韓問題和全球暖化等等。

美國之所以採取這樣的態度，是因為美國單方面荒謬的妄想著，中國會有心在這兩個議題上投入協助改善，但中國明明就無心於此。

北韓領導人金正恩根本就是仰賴中共鼻息在度日的傀儡，中共喜歡他那種獨裁狂人的作風，這才能幫中共轉移國際焦點，不會注意到北京政府那些鎮壓手段和壓迫人民的行徑。我這話並非誇張。估計大約有五萬北韓人是在中國人開設的工廠裡上班的，這些人等於是北韓經濟的地下支柱。當金正恩想造洲際彈道飛彈時，儘管北韓破產又被國際禁運，背後為他撐腰和提供援助的還能有誰？這用點邏輯都可猜到是誰在養虎為患。

至於環保和全球暖化的問題，中國在全世界海域濫捕的行為，對世界各國的漁業都造成嚴重傷害。中國的拖網漁船每每在海外被他國人贓俱獲，但中國政府卻只會矢口否認或是滿口保證說自己會加強控管，可是轉過頭去，又見到中國漁船四處大肆濫捕濫撈。而在全球暖化的議題上，中國始終是全世界最嚴重的汙染國，其排放到大氣中的碳數量遠高於世界上任何一個國家，但連在這方面，中國也規避國際法規。中國政府有件事幹得非常出色，就是把供他國內電力的火力發電廠蓋到鄰近國家去，像是俄羅斯，然後再用電纜線將電力輸送回國。這樣他就可以說他整體排碳量有所減少，但其實只是把自己的問題轉嫁到他國頭上，大氣層中二氧化碳濃度高居不下，真正該歸咎責任的還是他，而且情況還日益惡化。

中國政府這種在碳排量上動手腳的技倆，正讓人看出他那雙面外交的第二面：

用騙的。中國的外交官很會製造美好的假象，把自己塑造成樂善好施的樣子，盡發表一些自己是懷抱善意而來的談話，很會辦豪華的會議和餐會，以展現慷慨和慈善的一面。但這都是刻意經營出來的樣子，目的是在轉移注意力，製造假象，甚或是謊言，目的只在降低對方猜疑、戒備之心，以左右眾人的意見。當俄國人明目張膽將武器原子化，一邊分化他國社會挑起族群對立時，中國則在國際間施放煙幕彈，讓人看不清他種種手段和行徑。這些全都是以不透明、不公開的方式在進行，政策的提出全都是祕密進行，其提出的動機也隱匿不說，一直到交易簽了、決定做了，付諸實行，外界才知道。一明一暗——這兩種在國際上影響他國的手法，其實是同步進行的：俄羅斯的行動只是為了轉移注意力，中國早就趁國際焦點不在自己身上時，躡步輕移的從後門帶著贓物逃走。

最後，當外交手段失敗，那些看似迷人的合約、貿易條款、大手筆紓困，以及興建基礎建設等說好的條件全都落空時，就故技重施，一些恐嚇、霸凌、賄賂、假消息、勒索手段全都出籠，照樣讓他的詭計得逞。

中共這些技倆與其說是外交手腕，不如說是黑道手段。但只要能達到其目的，中共不擇手段，為了增加中共對外國政府和企業組織，以及媒體管道、宗教團體、學術界、人權團體等的控制和影響，中共連一滴水、再小的事都不會放過，即使是小市民也難逃他毒手。可悲的是，這些霸凌行為，大家應該已經司空見慣，不覺得有什麼好驚訝的。這些中共的外交官和說客，他們所代表的中國，向來就是無視國際貿易法、智慧財產法、環境保護法、食品藥物管制法，我行我素，反正沒有法律攔得住他。

《超限戰》的作者喬良就說了：「超限戰的第一原則就是沒有原則，沒有法度。」這是他在解釋中國的戰略時所說的。

歡迎見識中國的外交手段。

▼左右掌權者

通常在透過外交手段左右他國的作法上，中國政府很懂得默默運用兩個利多來做交換：第一是打入中國市場，第二是財源滾滾。在美國，進入中國市場這個誘餌每年都會被拿來用。先前本書也講過，中國之前就用這招當誘餌，釣到了華爾街和投資群，讓他們一窩蜂做著到中國發大財的美夢。但只要中國政府堅持不讓他國公司在中國的獲利離開中國，那他們的發財大夢永遠只會是夢，不會成真。要讓中國真的願意砸大把鈔票在美國，那只有當他想要獲取情報、科技和影響力時，才有可能。

為了有效運用手上的兩個武器，中國外交部將所有任務簡化為二：找出當權者，然後左右他。當然，這個簡單原則和許多情報和反情報任務在培養間諜時的原則沒什麼太大差別。對於中共而言，理想的目標就是握有政治實權的人，要不就是決策者，要不就是為決策者獻策的人。中共外交團隊下手的層級最高可到總統、首相、內閣閣揆等。在美國，中共派來執行這項任務的人非常多樣，有商人、記者、學生、軍官、以及派駐華盛頓首府的中國大使館成員、或是駐紐約大使館成員，他們會鎖定參議員、國會議員、軍官等下手。但要接近這些目標，他們可能也會對其身邊的人下手，像是參議員的老婆，或是參議員老婆的員工。或者，像副總統拜登的情形，就是對他的兒子下手。

想要操弄影響重要政界人士，一定要安排雙方有見面機會，這點很重要。一開始可能是會議邀請，或是餐會，或是提議共同進行合作計畫。從這一步開始，雙方的關係會逐漸建立，然後敲定合作案。有時候，這種操弄行動是很明目張膽的，像是拿十億美金去投資副總統拜登兒子杭特・拜登的創投基金，就非常明顯。

中國政府想左右操弄的美國政界人士非常廣泛。比如說，參議院的一百名參議員、眾議院的四三五名眾議員，儘管每個人的原因不同，都對賺錢和進入外國市場感到興趣。

▼華府影武者

二〇一七年十一月八日，蒙大拿州參議員史提夫・丹恩斯（Steve Daines）開了一場記者會，向媒體發布一則新聞。會上他非常自豪的宣稱自己為蒙大拿畜牧養殖協會（Montana Stockgrowers Association）談成一筆大生意，要和中國最大零售電商巨頭京東（JD.com）做肉品生意，京東同意未來數年內，會購買至少兩億美元的蒙大拿州所產牛肉。這筆交易也一併解除自二〇〇三年以來中國禁售美國畜牧業者所產肉品的禁令。該交易案同時還附帶一項利多給蒙大拿州畜牧業者：京東承諾會想辦法在大天空鄉（Big Skyk Country）「另外加碼投資至少高達一億美金的金額」，興建一座肉品加工廠。這段話裡的字裡行間，其實意味著京東本身，並沒有義務一定要出錢來興建這座肉品加工廠（他後來也真的一毛錢都沒有出，這是《中國日報》七月的報導）。要是沒有想太多，聽起來似乎是不錯的交易。

在這場記者會最後，丹恩斯列舉自己為促成這一壯舉所參與的十八場會議和其他努力，包括多次前往中國洽談，與中國大使的多次會面，以及與美國國務卿雷斯．提勒森（Rex Tillerson）、美國貿易代表羅伯．萊海澤（Robert Lighthizer）、商務部長威爾伯．羅斯（Wilbur Ross）等人多次會商。也就是說，他想讓大家知道，他有盡到身為參議員的責任，為蒙大拿州的居民服務，這總沒錯吧？

但事情可沒表面上看起來這麼簡單。

丹恩斯召開記者會後不到一個月，他接待一群中共的代表團，裡面都是中共人民代表大會監督西藏自治區的委員，這趟訪美行程以最後的排排站團體照結束，看似無害的一次訪問，其實卻是「項莊舞劍意在沛公」，朝著當時在美國華盛頓首府進行的另一件事而來。原來，當時正是藏人行政中央司政洛桑森格（Lobsang Sangay）拜訪華府的時候，他參加十二月六日的眾議院外交事務亞洲委員會為了中國鎮壓西藏所舉辦的聽證會。

洛桑森格是中共眼中的頭號敵人，他此次拜會是希望美國能夠對中國施壓，讓美國的外交使節團能夠前往西藏；如若不行，那美國也有權讓中國掌管西藏事務的官員不能訪美。

根據《華盛頓郵報》報導：「這次的事件，說明中國為了不讓人批評其內政，所以動用越來越多的西方政界人士來幫忙，而且也讓我們看到，中國在對付海外異議人士時，有多麼的鍥而不捨。洛桑森格對華盛頓郵報說：『我所到之處，中國高階代表團也都會尾隨而至，大聲否認中共在西藏有所謂違反人權的作為。』他還說，中國官員也對世界各國政府施壓，要他們不得接見他。」

雖然，丹恩接見中共西藏自治區人民代表的事，和他終於能和中國談成蒙大拿肉品大筆外銷訂單的交易之間，除了這些間接證據以外找不到直接證據，可是這中間的因果關聯也太明顯了吧？他顯然就是在收到中國開給他的兩億美金生意條件後作了交換，幫助中國政府將其鎮壓西藏、以不民主方式統治西藏的負面新聞壓了下來。

▼讓美國之音噤聲

有時候，中國還能夠施加壓力讓異議消音，即使是遠在美國這個熱愛言論自由的國度，他也有辦法做到。而且有時候，你可能覺得這裡面牽涉的不過是政治壓力時，其實背後還藏著拿錢好辦事的陰暗面。龔小夏原是美國之音（Voice of America, VOA）華語部的主管，她在二〇一七年就經歷慘痛的代價，從而認知到這件事。當時她原準備要訪問中國富豪郭文貴，也就是美國人比較知道的 Miles Kwok（麥爾斯郭）。

郭文貴這人頗具爭議性，不管是在中國或是美國都一樣。他靠開發房地產賺到錢，但在二〇一四年離開中國以後，他開始大肆抨擊中共的領導階層，指責其統治階級貪腐嚴重，上下交相賊。他指證歷歷，指名道姓，罵到變成萬人空巷的節目；他的指控有些有證據、有些則無。他也對中共的人權措施大肆抨擊。因為他既是富翁，又掌握了不為人知的中共祕辛，再加上讓人震驚的中共濫權故事，他成了海外中國人中最多人想認識的名人。這樣一個人，自然成為龔小夏想要訪問的對象。

郭文貴自己也想接受美國之音的專訪。美國之音這個政府出資的新聞頻道在美國境內很少人收聽，但是自從一九四二年成立以來，該電台在全世界各地都吸引大批的聽眾，後來更在原本的全年二十四小時無休的廣播節目外，又加了數位廣播頻道和電視頻道。其營運的重點謹守美國福特總特在一九七六年所立法案的三項原則：

1. 美國之音將持續做為可信任、權威的新聞來源。美國之音的新聞播報永遠追求正確、客觀、完整呈現。
2. 美國之音代表美國整體，而非美國社會的特定層面，因此美國之音會呈現平衡、完整的美國重要思想和制度。
3. 美國之音會清楚、有效的呈現美國政策，並且會以負責任的方式，呈現對這些政策的討論和意見。

雖然美國之音身上有追求真相和平衡的任務，郭文貴在意的卻是他在訪談中的形象。因為不久前英國廣播公司（ＢＢＣ）對他的專訪做了剪接，這讓他很不滿意，所以他在龔小夏接洽時就表明，他只接受直播方式的採訪。龔小夏則同意三個小時專訪中，頭一個小時會在廣播上直播，後兩個小時則會透過網路播出。但她堅持要有一整天的採訪，採訪內容不會透露消息來源，用這樣來另外採訪郭文貴一天，好讓她和電台的另一位共同主播能夠用好的架構和平衡方式來報導這次訪問。郭文貴接受她的條件。龔小夏於是向美國之音主管報告，也獲得主管的稱讚，恭喜她能夠敲下這個採訪。

原訂計畫是以一小時的同步衛星電視和美國之音網路頻道播出，之後則會有兩小時在網路的錄音播出，這兩小時中，主要是郭文貴針對社群媒體上對他提問的回答。龔小夏說，這整個採訪要動用到美國之音上下多達六十名的員工協同合作，包括要有公關小組、社群媒體專家、製作人數名、音控師數名、攝影師、燈光技師、以及旅遊和物流員工等。動員這麼多人的採訪企畫一定要上級同意，龔小夏指出：「以我的層級，不可能搞得定這麼多人。」

採訪的地點原來預定在郭文貴座落於紐約第五大道上的荷蘭雪梨酒店頂樓的高級下榻處。採訪的時間預定是在二〇一七年四月十九日美東時間的早上九點開始，因為當地和中國有十二小時的時差，所以是算好了會在中國當地晚上九點的精華時段同步放送。在四月十四日星期五當天，美國之音還特別為此採訪安排宣傳，特別強調是獨家採訪。龔小夏說，而且宣傳中還聲稱郭文貴保證會在節目中「引爆核子彈級威力的內幕」。

這裡大家不要忘記，中國內部的媒體也是中共在管的，中共在全球各地都擁有以中文為主要語言的外國媒體頻道。正因如此，像郭文貴這樣的海外異議人士，不管在中國或是在海外專以中國海外人士為收聽目標的電台，例如中國環球電視網（China Global Television Network），根本找不到發聲管道。順道一提，中國環球電視網在美國是有線電視頻道在經營，所以美國之音能夠採訪到郭文貴，等於是給他一個大好的發聲平台，讓他能夠對華文世界發聲，這是中共始終都不提供給倡議民主的海外異議人士的。

美國之音內部和龔小夏合作這場訪問的員工，都沒表達過自己對於電台大肆宣傳這次專訪的疑慮。因為他們都很清楚，能夠採訪到郭文貴，在新聞上是極有價值的訪問，身為媒體，能夠拿到這麼大的獨家，怎麼可能不好好大肆宣傳一番呢？

可是中國政府當局顯然也在監看這些宣傳影片，所以隔週的星期一，也就是宣傳播出後的第一個上班日，中國的相關單位就發布對於郭文貴的拘捕令。郭文貴其實早在二〇一四年就已經潛逃出中國，但一直到他排定要接受美國之音訪問，而他的訪問將可以被中國地區收聽，而且他很可能在訪問中批評中共，所以這下中國政府決定採取官方行動，讓郭文貴噤聲。

在這同時，兩名中國外交部的官員也拜會美國之音駐北京的記者，這位記者只好發電子郵件給龔小夏，向她報告，有兩位中共官員前來轉達說，中共認為如果美國之音播出郭文貴專訪，美國之音就是在干預中國的內政，也是在擾亂中國共產黨第十九屆全國代表大會。龔小夏回憶說：「當我看到這封電子郵件時，心想，採訪一名生意人，怎麼會擾亂到中國共產黨全國代表大會了？我於是打電話給北京通訊處，告訴他們：『叫他們去死啦，我才不怕這種威脅。』」

但美國之音內部一位資深編輯則表達了不安，希望採訪要平衡，這話聽在龔小夏耳裡雖然是善意，但卻有著貶抑的涵意，因為畢竟龔小夏也當了好多年的記者，於是說：「這你們別擔心，我懂得怎麼平衡報導。」

但這之後，美國之音的辦公室開始遭到來自中國駐華府大使館不斷以電話騷擾。「我們的編輯打電話給我，問我該怎麼辦。我問：『他們怎麼說？』編輯告訴我，他們的意思是：『要是你真採訪郭文貴，那就會對中國政府和美國之音的關係造成難以抹滅的傷害。』」

「我回說，那請告訴中方，美國之音和中國政府毫無關係，除了我們的新聞會播到中國相關消息以外。」

在採訪播出前的那二十四小時，龔小夏經歷惡夢般的遭遇。她說美國之音副主任菅原．珊蒂（Sandy Sugawara）和她之間甚至不客氣的互相叫罵，因為菅原要她撤掉採訪。而在她離開郭文貴寓所時，外頭還有一群兇巴巴的中國人尾隨著她。之後，該訪問的執行製作跟她說，有人要求她播出一段十五分鐘的實況採訪，並準備一份三十分鐘長的錄音，但被她拒絕了。這段過程中，龔小夏一邊飽受高血壓之苦，擔心自己隨時可能要送醫住院。那天最後，她要跟七位美國之音的編輯和高層用兩種語言開會，所有人都不願意承擔抽掉郭文貴採訪的責任。龔小夏說：「這些人全都很沒種，連下個命令都不敢。一直把責任推到我身上，要我去下令，我才不要。」

這些幕後事件一件件發生之際，美國之音的主任阿曼達．班奈特（Amanda Bennett）則正在非洲旅行。這期間中國領事館有沒有打電話給她？似乎是有這可能，因為其他美國之音的高層都接到中國領事館來電了。更何況，有知情人士透露，班奈特本身雖是位資深的新聞記者，但她和北京當局的關連卻異常良好，原因是因為她的先生唐諾．葛蘭姆（Donald Graham）原是《華盛頓郵報》的發行人，當時則擔任葛雷厄姆控股公司（Graham Holdings Company）的總裁，該控股公司旗下又擁有教育服務公司凱博教育（Kaplan Inc.），凱博在中國開設了分部。不要忘了，中國送往美國的留學生數量是全球最高的，所以對凱博教育而言，中國無疑是塊市場大餅。

就在當天午夜過後，原訂採訪前數小時，中國內部傳來消息，說北京當局已經對郭文貴發布緊急追緝令，國際刑警組織可隨時逮捕郭文貴。這讓龔小夏開始擔心到時候還能不能採訪到郭文貴，甚至連已經事先前往郭文貴住所架設好的錄音器材能不能拿回來都讓人擔心。

等到採訪即將開始時，他們抵達郭文貴的住所後才發現通緝令的消息是個謠言。郭文貴自己根本就沒聽說這件事，國際刑警組織也沒接到這樣的要求。就在採訪即將開始前兩分鐘，郭下榻的豪華荷蘭雪梨飯店忽然整個網路連線都斷線，根據龔小夏所說，聯邦調查局調查之後判定，這是遠在上海的駭客針對這棟大樓所發動的攻擊。還好美國之音的工作團隊帶了自己的廣播發送機，是用電池供電，所以那段郭文貴的專訪才能如期進行。

龔小夏的這段訪問播了一小時十五分鐘，之後就忽然中斷，據龔小夏說，決定是班奈特下的，龔小夏和其他郭文貴採訪的成員在廣播之後全都被停職。數月後，龔小夏和該小組的兩名員工就被美國之音正式解雇。

二〇一八年十一月二十九日，龔小夏接到美國之音寄來的信，指責她的「行為是刻意、無法原諒，對於電台的安危有所損害」。並指控她漠視「美國之音最高層和最資深工作人員的指示」。

接到信的同一天，班奈特發了一封電子郵件給所有美國之音的員工，表明她開除龔小夏等人之前「做了四個獨立的調查，所有調查都顯示，龔小夏所進行郭文貴採訪廣播之所以中斷，是因為美國之音領導階層希望能夠加強之前大家都同意的新聞採訪標準。她們所進行的四個調查，並沒有發現採訪中斷是受到來自中國政府的壓力，雖然有人如此指控美國之音內部有中方的『間諜』，才會造成中方施壓停止專訪播放。」

該電子郵件又進一步表明：

美國之音的領導階層曾向該採訪小組發出明確的指示，要求他們（一）控制專訪長度不要超過一個小時；（二）不要在社群媒體上放該專訪的連結；（三）廣播中不要使用任何未經查證的文件或是內容；（四）採訪能錄多久就錄多久，只要有必要都不要中斷，好在日後查證後使用在其他廣播上。

龔小夏說自己對於整件事的理解並不是出自個人想像，她相信美國之音是被中國政府施壓、威脅而自我消音，她說：「我非常確信班奈特受到中國操縱了，因為後來事情的演變太不合理。就專業上來說，她是絕對不會那麼強硬、武斷的介入我的採訪，尤其是因為她和他的副手根本就不知道採訪的內容為何。」

至於班奈特那邊究竟是遭受什麼樣的壓力，龔小夏暗指與班奈特的先生在中國的事業利益有關：「中國人發明一種全新的合法賄賂方式，不用真的付錢給辦事的人，只要給他們生意機會就好了。」

且先不管龔小夏對於自己被上級指責未遵照指示行事的辯解，或者是班奈特對於自己未受到中國施壓的自我辯護，整個事件的發展本身就已經讓人很震驚。美國首屈一指的政府層級新聞機構，竟然會因為播出的採訪涉及對中國政府的抨擊而自我審查，光是這點就已經不符合新聞播報的標準。給予反對人士發聲表達的機會，數十年來一直是美國之音的職責所在。但是在經歷一次又一次美國最大死對頭、也是最大的貿易夥伴中國的抗議後，這些反對的聲音卻被消音了。

▼操縱美國的滲透方式

雖然中國多年來在世界各地一直鎖定開發中國家，從非洲的剛果共和國到拉丁美洲的薩爾瓦多、從菲律賓到希臘，以外交的誘餌開始，讓這些國家終於接受金錢援助、基礎設施建設的投資，以及其他貨品的輸入等，但對於美國，中國從來就沒有鬆懈過。一點點都沒有。

從二〇〇四年開始，中國政府就一直出資在美國各大學開設孔子學院（Confucius Institutes, CIs）。這些孔子學院名義上是為各大學提供華文教育，其中聘用的都是來自中國的華文教師。但是這些機構也常會提供文化課程和其他的服務，像是為幼稚園和小學的當地學校學生舉辦認識華語的課程，對很多設有孔子學院的大學而言，此舉的大利多當然是紮實的華語課程，這部分為很多校方的管理階層省了很多麻煩和花費，因為等於是外包給孔子學院，而對方只要求很低的開銷費用。對外，中國政府都堅稱孔子學院是非營利的公共機構，目的就只是要在國外提倡華語和華人文化，這個路線一直以來相當有效，低廉卻優質的華語教授課程，成了一大賣點。到二〇一七年以前，在美國各大專院校裡就開設近九十間的孔子學院，全球更多達五百多間。

可是中國政府所標榜的這條路線根本就是謊言，每個孔子學院會由兩位主任協同管理，一位由中國指派，另一位則是當地校方所指派，言論審查和欠缺學術自由的傳聞時有聽聞。

在所有相關孔子學院言論審查的報導中，沒有比北卡羅萊納州立大學決定取消達賴喇嘛的專訪更讓人感到憂心的。達賴是流亡海外的西藏宗教和政治領袖，在該校的孔子學院主任警告該校，達賴的到訪會傷害「我們正在與中國建立的緊密關係」後，該校決定取消達賴的行程。

該校主任那句話究竟是表達關切還是語帶威脅？從達賴來訪被取消一事來看，該校的主管階級顯然視這句話為威脅，認為達賴到訪會對該校有所傷害，所以才會屈服於中共的施壓。

孔子學院在美國大專校園內類似的言論審查和操弄情事，這不是唯一的一件。中國的孔子學院主任在紐約的奧爾巴尼大學（University of Albany）還趕在他來自中國教育部的頂頭上司光臨前，搶先扯下校園中有關台灣的各種海報。一份美國參議院的小組委員會報告也指出，有一個州開辦了數個由孔子學院辦的國小、幼稚園華語課，但學校竟然會收到電子郵件，警告大家不要去看一個跟法輪功有關的劇團的戲，因為法輪功在中國是被禁止的靈修團體。信中這麼寫道：「各位最近拿到孔子學院基金的學校，請注意，如果去看神韻的演出或是贊助其演出，那孔子學院基金是不會支付這筆經費的。」

馬里蘭大學是十年前全美第一個開設孔子學院的大學，如今相隔十年後，美國大學教授協會（American Association of University Professors）發表一份報告，譴責孔子學院不該進行學術審查的工作。該報告同時也督促全美各大學應該關閉孔子學院或者要求與其簽訂新的合約，以保護美國學術自由：

孔子學院做為中國的海外分支，被其國家允許漠視學術自由。他們的學術活動全都由漢辦（Hanban）督導指揮，該機構是中國國家級的組織，組織的領導人是中國政治局的官員，同時身兼中華人民共和國副總

理。多數美國大學與漢辦所簽訂的協議，都有許多條文是聲明不可對外公開，內容則涉及許多牽就中國政府政治目的和作法的讓步、妥協，尤其是，北美各地大學同意讓孔子學院將中國的國家目標，影響美國大學的招聘和控制校園中的教職員，也影響課程的選用和辯論內容的限制。

這段批評現在開始產生作用了，有些學校開始驅趕這些充滿政治宣傳目的的孔子學院，但這還不足以讓美國各大學完全不受到中國的影響和接受其資助。因為中國要影響美國大專院校，方法還不只這一個，端看他要不要用而已。

▼以學費滲透

二〇一七年，全年有超過三十五萬名中國學生進入美國各大學就讀。這表示，在全美各大學總數達到一〇八萬的國際學生中，有32.5%來自中國，而美國州立大學一年所需繳交學費平均起來大約是兩萬五千元美金，私立大學則平均約三萬五千元美金起跳。假設，中國學生每人每年平均付了三萬美金的學費就讀美國大學，總數加起來就是一年要貢獻一百億美金給美國的高等教育制度。這還不包括其花費在租房、伙食、旅行、娛樂等的開銷，要是都加進去，保守一點，中國大學生大約是一年為全美各大專院校和其社區帶來一千五百億到兩千億美金的總收入。

中國政府將學生送到美國，本身就有一定的利益保障。怎麼說呢？首先，美國被公認擁有全世界最好的高等教育。其次，將學生送到美國，是讓中國達成獲取科技目標的一環。中國留學生都會接到中國外交官員和企業代表的關照，叮囑他們要在美國獲取有用的技術。像是紐約大學這間最受到中國留學生青睞的美國大學，一年有近三千名中國人入學，如果校中原本聘有頂尖的中國異議分子和對北京政府嚴詞抨擊的學者任教，中國政府以要撤掉在紐約大學中國留學生的學費補助款為要脅，也就是一年一人抽掉四萬七千美元的學費，會怎樣？總合起來就是紐約大學一年要平白損失一億四千一百萬美金的學費收入（外加數百萬的學生房租和伙食費收入）。試想，萬一要是中國政府抗議紐約大學聘用異議分子當教授，或者課程中對中國政府政策有所批評，結果會怎樣？有人告訴我，這種情形真的發生在全美各地的多所大學。

加州大學柏克萊分校校中所收的中國留學生是全美大學中第二多的，一名該校的教授告訴我，他曾見到一名中國總領事出現在校園中，教授問總領事到學校來有何貴幹。

總領事回答：「沒事。」

教授好奇之下，跟在這位官員身後，看到他走進校園中一群中國學生的聚會。教授親眼見到這位官員警告在場中國學生，不可以忘記自己的祖國：「我們都盯著你們，你們一定要好好表現，要忠於祖國。」

大家可能會以為，歡迎中國學生來到美國留學，讓他們能夠體驗自由文化、見識到言論自由、宗教自由和政治自由在這裡被人重視、奉行，而不像在中國那樣遭到打壓，這應該會促成中國開始出現反對中共的聲音吧。但很顯然，正是類似上述那些政治特務不斷的警告，讓美國大學無法訓練出一批又一批熱愛民主的中國異議分子。事實上，中國留學生都被告誡，不要太常和美國本地學生廝混，應該和中國留學生保持密切聯繫。中國政府本來就愛監控人民的行動，這些留學生一定也會被上級要求盯著彼此，打小報告。所以這些留學生不但不能享受集會自由、言論自由等美國公民的基本人權，反而是被自己家鄉的極權教條如影隨形打壓著。近年，又因為中共實施社會信用體系，以數據收集系統做為基礎，來監控、懲罰、獎勵人民的行為，隨著數位監視無遠弗屆的能力，中國留學生在海外的自由行動，可能成為讓他家鄉親人被連帶處分的原因，甚至可能因此讓他們自己的公費留學金被刪減。

北京當局視這些中國海外留學生為另一種幫他們左右美國社會的工具。在美國，大約有四千五百萬華語使用人口來自中國和台灣，這些華僑的根都在中國大陸，中共也不斷以各種不同的方式來吸引這些華僑。對中國政府而言，這群人組成一道非官方但卻相當有力的網路，因為親族、血緣、身分認同和國族讓他們綁在一塊兒。這些都是很好操弄的工具。中共運用這些工具來啟動所謂的「非傳統方式彙集者」：讓海外出生的華人成為中共的外交和情報資產。中共用一套他美其名為雙贏的邏輯說動這些人，讓他們為其所用，幫中共提供情報，竊取機密，參加聚會，撰寫書信。中共的說法有兩層：一是用中華民族的愛國心和身為中國人的尊嚴為訴求基礎，告訴這些華僑，愛國對他們自己也有幫助，不但可以收到一筆錢，還能幫助祖國。

我在北京擔任國防部武官時，曾經和人民解放軍的成員一起參加位於邁阿密的會議。隔天這群人搭機轉往紐約，這群人民解放軍代表團全部坐在飛機的前段，我則坐在後段，身邊全是說華語的美國人。坐我旁邊的人樣子很像遭人毆打過，有的是貼了繃帶，有些則是可以看到抓痕、甚至黑眼圈。**「發生了什麼？」**我用中文問他。

他們說他們是法輪功的成員，在當地抗議中共人民解放軍和習近平訪美，可是卻被一群中國僑民襲擊毆打。

這種手法是，只要有中共要員訪美，然後有示威者群聚時就會發生。只要一通電話，當地的中國僑民就會聚集過來，對到訪者表示支持。但他們的聚集還有別的目的，就是要以實際的動作打壓示威者。這些中國僑民會聚集在示威者身邊，形成人牆讓外界看不到，然後就對他們飽以老拳。

這讓我們再次看到，中國政府有多麼否定言論自由，即使是人在美國、在我們的眼前。

第八章．竊取智慧財產

中國一心一意要獲取科學知識，已經形成全國上下的狂熱心態，而且這情形已經有數十年之久。在毛澤東的時代就重視獲取技術，他命令中共軍隊要盡力獲取蘇聯的知識技術。鄧小平對此更加重視，從他開始，中國開始大量送留學生到西方國家學習學術知識帶回中國。在《超限戰》這本書中，控制技術也占了全書的大篇幅，科技和金融被視為取得影響力的主要驅力。在習近平的領導下，中國對於科技的專注，更隨著二〇一五年宣示「二〇二五中國製造」、揭開十年工業計畫而達到新高。根據中國國務院的新聞稿所述，該計畫要延續到二〇二五年以後，要讓中國在二〇四九年變身為頂尖製造大國。

為什麼是二〇四九年呢？那是因為這一年是中華人民共和國的建國百年紀念，二〇二五和二〇四九都是很好的目標年分。可是，中國其實現在就已經在高科技方面取得相當長足的進展。中國無疑是全球最頂尖的監控國度，全國上下安裝大約十億支的監視器，監控其國民的一舉一動，而且中國也擁有領先全球的人臉辨識人工智慧。中國有著全球最快的超級電腦，最有力的極高音速風洞，以及全球首套量子加密衛星通訊系統。

中國現在已經是全球製造業的龍頭，而且早起二〇一〇年就將美國拋在腦後，既然這樣，那打出「二〇二五中國製造」這樣的口號和新聞稿，矢志要在三十年內成為「全球頂尖製造業龍頭」，這件事就有點蹊蹺，讓人覺得話中有話。這個計畫首重發展製造業的創新能力，結合科技和工業，強化工業基礎，培植中國品牌，加強綠能製造，提倡服務導向的製造，重視研究和設計的發展。其目標的第二個主要區域則讓我們清楚了解，這項計畫不只是想要改善工廠的狀況，而是要發展強化尖端科技。

以下是這個計畫所列出要強化的項目：

1. 新資訊科技
2. 高階數碼控制機器工具和機器人
3. 太空裝備
4. 海洋工程裝備和高階船具
5. 高階鐵路交通裝備
6. 節能車輛和新能源車輛
7. 電子設備
8. 農耕器械
9. 新材料，像聚合體之類的
10. 生物化學和高階醫學儀器

控制這些領域的設計和製造，只是手段而非終極目的，這只是要控制全球各大公司、將其納入羽翼之下的第一步。一旦達成這第一步，一旦中國成為市場的領頭羊，比如，中國在農耕器械和醫學儀器方面拔得頭籌，然後又擁有尖端的造船技術，再加上有可以通達的海港——這些都是他可以用來操弄他國的經濟槓桿，藉此可以讓自己在地緣政治上的實力發揮到極致，掌控世界上大部分的地區。

聽我這麼說，中國似乎邪惡至極，簡直就像是科幻小學裡的黑暗帝國的手法，難以置信。怎麼可能有一個社會能夠想出這麼細密完整的計畫，只為了成為世界第一呢？但這就是中國政府在打的算盤。

為了要執行這個計畫，中國政府將科技轉移視為其達成最終目的的核心，正因為這麼重視它，所以中國政府將全中國人都指派為間諜，二〇一七年六月二十八日，中共以壓倒性的投票通過《國家情報法》，該法案賦予政府監視人民的權限之寬到了不合理的地步，不只人民，連在中國境內的本國和外國公司行號機關，依法都可由政府監視，該法還允許情報官員有權將特定企業或個人以從事情報工作之罪名送辦。以下是這部「我們都是間諜」法案中的條文：

第十四條：國家情報工作機構依法開展情報工作，可以要求有關機關、組織和公民提供必要的支持、協助和配合。

這個演變有其關鍵的意義。因為它讓中國為了取得技術不擇手段、傷風敗俗、毫無道德的作法獲得官方認證，且提供法律的掩護和支援。這個法案授予政府法定權力，得以任意要求公民參與政府認可的情報工作，中共允許所有公民得以到世界各地，從不論任何人身上取得工程藍圖、資料、智慧財產。這時，中國新裝設的社會信用體系似乎發揮了作用，讓政府得以利用這項機制，在必要的時候，以此要脅國民配合國家的情報工作，要不然就會在信用評等上吃苦頭。想像有位中國人在北京的外國公司上班，然後國家要求他擔任公司的商業間諜，盜取公司資料，不然他的孩子就不能進入名校就讀，他配合國家要求的話既可讓孩子進名校，國家也獲取重要情報，對他個人有何損失？根本就是雙贏。

有些情報工作看似無傷大雅。美國中央情報局聘用的分析師，都是些經濟學學術界傾向濃厚的人，卻欠缺情報工作的養成和經驗。這些人懂得追蹤、研究事件、經濟動向、政治人物。但是中情局和其所聘僱的分析家的工作目的並不是為了要竊取商業機密，然後將這些情報交給美國電話電報公司，像華為那樣。中共現在既然明目張膽的立法，讓他可以明正言順的徵召公司和個人來為中共獲取科技，若說有一天中國人人都可能是間諜，這種推論並不算想像力過於豐富，而是合情合理的推論。

奇怪的是，二〇一九年三月十五日，就在中共祭出所有國民都可在其指定下成為御用間諜將屆滿一年時，北京當局卻忽然放軟姿態。一個明顯造成其軟化的原因當然是因為美國對中國的貿易加稅，這件事美國早該做，只是一直拖到現在才實行，畢竟中國多年來一直未守自由貿易協定，單方面的享受著自由貿易的好處，卻未付出相對的代價。中共內部權力排名第二的總理李克強，此時公布一條新法，表示會保護外國公司的權益不受情報法所侵害。他說該法雖然未對大眾公開，但會禁止政府非法介入外國企業的營運，也會禁止政府強制要求外國企業將技術轉移給中方。

按理說，新法案是可以將那些偷取外國企業資訊並分享出去的人繩之以法，這可以遏阻仿冒和盜取智慧財產。李克強以公布此法為訴求，展示中國終於有決心要開放經濟，以公平公正守法的方式做生意。

李克強說：「我們既然已經把公開的作法攤在檯面上，那表示我們會說到做到。」

但從他說的話到該法案的實施，全都要持保留態度看待，中國以前也曾空口說白話，信誓旦旦說要改變。但就像一位在中國經商的美國生意人跟路透社所言：「中國的檢察官有哪個敢判共產黨官員的罪？」答案很簡單，除非法治在中國紮根，否則中國的檢察官都做不到這點。要讓任何共產黨黨員被判智慧財產偷竊或仿冒罪，那得要有習近平、李克強之類的共產黨高層官員下令才辦得到。

中國內部的司法制度，讓任何外國企業都不可能奢望在這裡獲得真正的公道正義。有一位曾經在北京興訟的美國商人就說，中國律師執業前就要先宣示向共產黨效忠，他說：「我的律師首先要對共產黨效忠，其次才輪到我，我竟然還要付他錢打官司！」

為了要向大家證明中共對於獲取技術有多死心塌地，以及證明外國公司對於保護自己的智慧財產和資產、以及自己的合法權益上有多無力，我要分享一個個案，從中可以看到中共可以用什麼樣的方法，又多想用這些方法，來讓外國企業灰飛煙滅。這個案例也同時讓我們看到，當中共違背職業倫理和道德時，可以如何反制他。

▼中國對唐集團的強取巧奪

一九九五年，達拉斯市的新創企業家派崔克．簡納文（Patrick Jenevein）第一次前往中國。當時簡納文還擔任諾蘭集團（Nolan Group）的執行總監，該公司有多家與能源有關的產業，其中一家以天然瓦斯處理為業。這家公司的技術能在處理天然瓦斯過程中減少浪費，達到產出量最大化，因此吸引到中國國家石油公司的注意，簡納文於是被邀請到新疆省這個中國西北部盛產石油的地區參觀。

一九九六年，簡納文創立唐能源集團（Tang Energy Group），打算要在新疆開採原油。不久該公司的作業內容即從原本的天然氣處理，進階到以天然氣做為原料發電，這是簡納文依自己過去的經驗而作的改變，他說：「以往在美國我們靠這途賺的錢比做別的來得多。」

這樣的營利重心轉變，讓他們有了新的合作夥伴，大型的天然氣發電廠都會使用噴射引擎來產生電力。可是一旦唐能源集團開始採用噴射引擎，它就無可避免的要與中國最大的國防用品承包商中國航空工業集團（簡稱航空工業）（Aviation

Industry Corporation of China, AVIC）合作，該公司亟欲從唐集團那裡學到這項技術。航空工業是工業巨獸，旗下有五十萬名員工、一四〇家子公司。兩家公司於是開始製作翼面——旋翼片——供風力發電機使用。唐集團和航空工業並合資在二〇〇一年開了一家HT Blade葉片公司，製作風力發電機所需的螺旋槳。簡納文說：「我們將那家公司從零到有，打造成全球第二大螺旋槳製造商。」

HT Blade葉片公司的興起又吸引到矽谷頂尖創投公司克萊納・帕金斯（Kleiner Perkins）的注意，雙方從二〇〇九年開始討論要讓該公司上市，市值估計在十八億美金。唐集團持股兩成五，也就是說掛牌當日他能夠有四億五千萬美金的交割市值。

這同時，簡納文也打算要在美國成立一家公司，將風力發電葉片賣給全世界各地的風力發電機公司，像是奇異（GE）、Nordex等。航空工業緊跟著就要求想成為這家新創公司的合夥人，卻遭簡納文回絕。簡納文說：「我們回答他們『不行，你們弄不來的，你們不習慣美國的經商過程，我們的步調很快，以政府事事要跑公文的作法是不可能跟得上。美國的法律制度也和你們在中國習慣的不同，而且也不再能享受投資賦稅寬減額。所以對於您願意合作一事我們深表謝意。這是對我們的肯定，但是真的沒辦法。』」

「他們接著說：『我們會投資六億美金。』」

「簡納文則說：『那好。』」

二〇〇九年，中國商務部部長陳德銘訪問芝加哥，航空工業旗下一家子公司簽了一份文件，答應提供唐集團投資該新創合資企業第一筆金額三億美金，該公司名為翔風能源（Soaring Wind Energy）。

這個談成的合作案，原打算使用航空工業的資金在全美建造風力發電採集廠，同時也在德州建造一座風葉工廠，計劃在當地聘請一千名員工，可是卻在事後沒消沒息。簡納文把原因歸咎於中共內部權力鬥爭的結果，因為薄熙來和習近平之間的權力傾軋——薄熙來這位前商務部部長，因為一連串醜聞鬧得全中國沸沸揚揚後，被拔除黨員身分，害得整件投資案都因此凍結。航空工業不用想也知道，是完全歸中國政府所持有的公司，在國內黨員都在觀望政治風向時癱瘓了行政，自然也就影響最後的決策。

但更可能的是，其實航空工業別有居心，以拖待變，其實已經在進行別的腹案了。而且，果然不如所料，最後真的是這樣。這家中國的航業巨子，竟然把唐集團的合作案拋在一旁，自行創立另一家子公司，與唐集團的新產業互別苗頭。

簡納文說：「而且他們還搶走我們的總經理，盜用我們可以享有的賦稅寬減額，偷走好幾個計畫案。」

對唐集團所發動的攻擊並未到此停止。簡納文說，BT Blade葉片公司原本是由中國航空工業和唐集團合資成立，這時也成為攻擊的目標。公司上市的計畫突然被踩煞車，中國國務院單方面將HT Blade葉片公司的現金資產分配給保定惠陽航空螺旋獎製造廠（Baoding Huiyang Propeller Factory）。中國國務院也片面指派其他國有企業像是中國中材國際（Sinoma）和中孚信息（Zhongfu）取走HT Blade葉片公司的市場股份。

從簡納文的立場來看，這些中國國有企業騙走他的錢的方法分很多種。唐集團一開始幫助改善中國處理天然氣的技術，讓它因此更有效率，並且還開發出天然氣發電機，靠著改善扇翼，在航空和再生能源市場打開新局。中國航空工業公司和中國政府的資產管理部門，神不知鬼不覺的竊走這些技術，竊走建好的製造基礎設備，竊走行銷和銷售部門，也竊走我們的獲利。然後再擬定一套計畫到美國來，打算拿下這個原本簡納文鎖定的新市場。

要簡單把這個中國政府授意朝唐集團下手的行動說完並不容易。首先，在聽簡納文這個故事時，我覺得中國航空工業公司應該可以算是重新定義「惡意併購」一詞。後來一想，不對，光用這詞根本不足以形容整件事的惡劣程度。這樣的侵占是前所未見的。這是明目張膽、完完整整的搶了兩家資產達數十億美金的公司。

中國政府要怎麼對他自己國內企業那是他家的事，畢竟中國是個極權國家，國內不論什麼東西皆屬中國共產黨共所有——小到一文一錢，大到工廠、企業。但這個政府竟然敢把腦筋動到跨國企業和技術夥伴身上，有點說不太過去。這樣以後哪有外國公司想要和中國政府做生意呢？我問簡納文，他會想給其他打算進入中國做生意、或是和中國公司合作經營的美國公司什麼樣的建議？

他說：「要想好哪些東西是自己最要緊的，然後要盡力護著，要防得密不透風，不能漏出半點破綻。對市場機會的理想和實際面和長期潛在的威脅之間要仔細拿捏平衡點，所謂的長期潛在威脅即是，你的合作夥伴可能會變成你的競爭者等事情，不要忘記，你的合作夥伴是有政府當靠山的，可以在完全不告知你的情況下，將你與他合資的產業全部搬到他那邊去，而且還能在被你發現後，守得緊緊的不讓你要回去。」

當我跟他說，這樣的合作安排似乎對外國投資者，存在著極高的風險，在回收上完全沒有保障，他把我訓了一頓。

他說：「風險與『結果的不確定性』是相當的。可能的獲利與可能的虧損，在與最後的營收成果相抵後，可能讓風險變得值得。」

身為投資者，他又加了一段話：「什麼都不做也會有風險。」接著他重新談回中國的情況：「風險來自中共的核心領導群，而不是來自其他部分。中國的政治風向會轉變。我們現在面臨最強勁的逆風，但終能再見順風。」

聽簡納文重新把他的痛苦遭遇重新整理一遍，言談間他一口簡潔德州口音的特有腔調，從中可以聽出他是位擅於分析的生意人。他自己是美國外交關係協會的成員，本身又是在中國商場打滾二十年的老手，絕對是深明中共技倆的專家。很少人像他一樣，能夠親眼見識到由中共在背後撐腰對企業所發動的攻擊，像他的唐集團的遭遇那樣。他後來開始和律師群想辦法要反制中國航空工業公司未告知的偷竊行為。終於在二〇一四年，唐集團反擊了，他申請仲裁委員會出面調解這起紛爭。可惜的是，他選擇開戰，換得的結果也只有戰爭。

一年後，該仲裁委員會裁示罰中國航空工業公司應賠償七千萬美金。三年後，美國聯邦地方法庭也支持同樣的判決，可是中國航空工業公司針對該判決提出質疑，所以該案如今送上美國聯邦第五巡迴上訴法庭等候裁示。要是到時候前述判決結果被推翻，那很可能中國航空工業公司就可以訴請美國最高法院受理該案。

▼中國法律戰

簡納文的訴訟過程讓我們看到，中國公司如何占美國司法的便宜。他這種以法作戰的方式，仗的是一部外國主權豁免法（Foreign Sovereign Immunities Act）、律師群、貴到讓一般人止步的訴訟費用，以及中國政府內部那盤根錯節誰也摸不清的所有權，和作假帳的審計陋習。有這些東西為中資企業掩護，就能免其受到起訴。一般情況下，中資公司在遇到這種訴訟案時，第一招就會祭出所謂的外國主權豁免法來自保，以此對抗美資企業。當然，可以想見的是，接下來中國航空工業公司的律師群會宣稱該公司是國有企業，因此享有外國主權豁免法的保護，免受美國法律的起訴。

唐集團的律師群當然也料到中方會有這樣的抵抗，所以見招拆招，將全案定調為商業契約糾紛，而契約也聲明這是一份商業協議。不論出資者為何人，整個案子就是應該按照商業契約的判決來走。

簡納文本人並不是律師，他認為美國企業在中國做生意，可以將任何商業契約視為商業合約，藉此保護自己。一開始就這樣做，可以讓他們節省時間和金錢花費。但是即使不用他提醒，將這類訴訟案定義為商業合約的訴訟，的確一直以來就是瓦解對方祭出豁免權主張的最有效方法。簡納文說：「這讓你可以直接跟法官、陪審團、或是仲裁委員會表明：『這是雙方所簽的合約。完全是商業性質的。法官大人、仲裁委員、一定會發現這完完全全就是一份商業合約。』美國法律的一大優點就是，通常制度會找到最正確的答案。」

但中國發動這種以法作戰戰術的主要背後原因，在於他想拖延時間，讓司法找不到這個正確答案。中方企業都是由官方背後出資，有國庫為他們撐腰。他們可以用各種的訴願、反訴、向庭上請求文件等手法，做為拖延時間、阻止法庭進度的手段，藉此消耗掉對手的資源。這招是他們的主要策略所在：讓對手因為法庭訴訟費而造成金流大失血，到頭來就會因為無力付擔訴訟費而自行退出。

簡納文和唐集團一開始雖然贏了判決，獲判七千萬賠償，中國航空工業公司的律師群卻分別在德拉瓦州和加州對他提起兩項控告，兩案各要求七千萬美金賠償。

簡納文說：「他們打算用額外的訴訟案來扭轉敗勢。」

幸好，唐集團的案子吸引了投資人，他們於是出資贊助他的訴訟費，條件是判決賠償金額也要與他們同分。這讓簡納文得以在法庭上長期對抗對手龐大無止盡的背後金援。

但奇怪的是，中資企業會以法作戰的背後原因，似乎還有別的，這和北京當局的黨中央政策有關。簡納文是這麼認為的。但要將這些由共產黨菁英的動機和決策解密，就充滿謎團，像是跳進《愛麗絲夢遊仙境》的兔子洞。

簡納文解釋：「中國或是中國共產黨並不會從營利的角度來做決策，他們想的是會產生什麼樣的政治後果。對他們而言，政治後果要比訴訟費用來得重要，對於要花多少錢打官司他們不會當一回事，只要能夠護住那些他們想要保護的人的政治前途，或是毀掉那些他們想要斬除的政敵的政治前途，就好了。」

這麼看來，司法案件就不只是單純的法律攻防戰，還有可能是北京政局權力傾軋的延伸，是中共黨內爭相邀功或是互推諉過的過程，端看判決結果而定。

這時在法庭上，簡納文又贏得一次關鍵的策略性勝利。他說：「我們突破了中資企業的面紗」，意思是說他的法律團隊「用法律分身理論做為攻擊對方的利器」，所謂的法律分身理論，是指企業或個人藉由成立另一家企業，以做為其法律方面的掩護，但真正該企業的運作其實還是母公司。唐集團的法律團隊向法庭證明：「該子企業的不法行事，其實與母公司中國航空工業公司有關，而中國航空工業公司則對我們有法律責任，我們直指那兩個命令上的轉變是來自北京政府的意思。」能夠把這層關係連上，等於擊破中國航空工業公司說自己與唐集團的損失無關，不用負法律責任。

不過唐集團小輸了一場，那就是在證據和證據開示上。因為無法和中國方面的司法系統有所聯繫，再加上中國航空工業公司內部的運作和歸檔（以及中國律師群發誓效忠中共），唐集團無法明確要求中國航空工業公司提出哪一類文件。除非中國改善其行政和司法透明度，並改善其企業運作模式，否則任何想要提告中國公司的人都會被迫面臨這個難題。不過，唐集團的案例勝算頗大，也已經在聯邦法庭仲裁庭時獲勝。

簡納文擔心：「中方打算一路上訴到最高法院，等他們敗訴時，那就是會一敗塗地，因為這是我們國家的法律在判決。但會是怎樣的一敗塗地呢？我們至今還是無法讓他付出一筆賠償金。沒人肯賠錢，因為這會毀了他們的政治前途，所以我們該做的，是應該要求凍結他們的資產，這也是我們已經著手在做的。」

▼多變的技術竊取手法

看到這裡，我們也可以為中國竊取技術和研發的手段，多加上前文所述厚顏無恥的強搶企業和法律戰這兩項。除此之外，中國屢試不爽的竊取方式還有：強迫外國公司以技術轉移做為進入中國做生意的交換條件；或者，透過網路滲透，如我之前所述的集體攻擊；或者，安插中國人到研究型大學、研究實驗室和企業去。不過，中國政府想得出來的盜取技術手法還不僅止於此。

有一種正式的竊取管道就是透過「千人計畫」（Thousand Talents），該計畫以大量金額吸引六十五歲以下外國專家投入中國研究環境。該計畫網站上載明：「外國專家可以享有海外高層次人才引進計畫的特殊待遇政策，像是進出中國方式、居住、醫療、保險、購屋、稅捐、薪資等」，該計畫要求海外專家需連續三年在中國工作長達九個月，才能享有此優惠。中共祭出的攬才優惠還不只如此：「每位募得人才，都能獲頒一百萬人民幣巨額研究津貼，通過主管機關認定後，最高可獲得高達三百萬到五百萬人民幣的研究津貼，獎勵領域以科學研究為主，尤其著重在基礎科學研究方面。」

要是西方學者所學正好是中國覬覦的領域，那錢真的不算什麼。一位原本在通用電氣公司擔任噴射引擎製造的工程師就符合這個條件。因為要打造出先進超音速噴射引擎的難度要比上月球高出許多，所以當這位工程師決定退休後，一家與中國航空工業集團公司有連結的中國公司找上他，開出的薪水條件足足比他在奇異的高上十倍。但他後來決定婉拒，選擇留在美國空軍服務。

有時候中國政府會直接找上擁有該技術的公司，開出合約條件談生意。當多家與人民解放軍合作中國軍火公司，在研發可搭載核子彈頭的洲際彈道飛彈遭遇問題時，就採取這個作法。他們找上通用電子旗下的休斯電子公司（Hughes Electronics Corporation）、以及波音衛星系統（Boeing Satellite Systems），與雙方談好交易案，提供中方所需要的洲際彈道飛彈技術，協助其發射衛星和火箭，**並在美國境內部署武器**。

讀者可能會認為，賺再多的錢、股票市值再翻漲幾倍，也不能合理化這種把敵人武器安裝在自家土地上的作法。可是偏偏就是有美國企業因為瘋狂追求企業獲利、市場占有率，完全把這些基本常識拋諸腦後。許多企業因為受到這些中國惡徒和龐大金額合約的誘惑，紛紛違法成為中共的同路人，使國家安全岌岌可危。

這件事後來的發展是，美國國務院痛下殺手，出面制裁休斯電子和波音公司，將雙方以多達一二三項涉及將資料轉移給中國、違反出口法的罪名起訴。兩家公司最後都被裁罰三千兩百萬美金的金額。休斯公司事後發表聲明表示：「對於未獲應得許可逕行交易感到遺憾。」

第九章・透過基礎建設稱霸世界

基礎建設是社會運作不可或缺的基石。中國政府使用基礎建設計畫，像是興建道路、鐵路、發電廠、以及通訊平台為餌，佯裝成不具威脅、無害的樣子，卻以此為武器，取得對於可能的盟邦和敵國的影響力。英文的基礎建設（infrastructure）一詞，infra意謂「在下方的」。廣義而言，這些構成社會的基礎，都是一般人肉眼所看不到、日常生活沒有意識到的，因此也常常會視為理所當然，不當一回事。一般人不會沒事在那裡擔心自家瓦斯管線的安危、維修道路和下水道的費用和重要性所在，也不會去想航運路線是由誰在管控，還是遠在天邊的海港屬於誰的管轄權這類的事。可是這些系統都對於我們的生計缺一不可。如果這些基礎設施全都壞了、或是部分損壞，都會導致幾近立即性的大災難。

中國對於國內基礎設施有著非常高度的注意力，不斷在建設大型、極具效力的商港，以利貨品出口，同時（下面會提到）也從西方國家投資在中國大陸的大筆金額上撈錢，去幫助建設他國內那些高達數十億美金的無人鬼城，目的卻只是在刺激看不到的經濟成長。但基礎建設發展卻是中共拿來做為其外交政策最具顛覆性質的一招。中國政府為一些財政陷入困境的國家建造鐵路、鐵道、商港、發電廠、通訊系統等，其實是在為自己在該國的影響力和控制力鋪路，他想要控制和影響的對象，不僅僅是受惠的該國，同時也涵蓋了其週邊國家，因為運輸交通是控制貨品在國界間流動的關鍵。

中國的基礎建設戰可能是他所發動的超限戰中最無聲無息、卻最具有侵蝕力的一項。雖然中共總是將之包裝成慷慨的「雙贏」開發合作，但其終極目標卻是先以基礎建設為好處誘人上鉤後就換個樣子，緊緊握住這些建設的平台控制權不放，使其成為北京的禁臠。

▼中國鬼城

二〇一七年，美國頂尖的物流專家約翰．莫倫（John Moran），同時也是位於賓州莫倫物流集團（Moran Logistics）的總裁，前往紐約市與一家大型歐洲建設集團的最高層進餐，這位建設公司領導是來紐約視察自己公司一樁高達四億美金的開發案進度。餐敘時，同桌還有一位任職於世界最大銀行的房地產投資部門的總經理在座。

莫倫和這位銀行高層兩人相談甚歡，還進一步發現原來大家以前曾是鄰居，也有很多共同的朋友，莫倫見這位新朋友這麼年輕就任高職，相當欣賞，就問他：「我倒想聽聽，你職位這麼高，還有什麼事好擔憂的嗎？」

這位銀行家想都沒想就回他：「只有一個字。」

「哪個字？」

「中國。」

「怎麼說？」

「我們銀行和其他西方大型銀行都在中國房地產上投資數千億美金，如今不知道要怎樣才能拿得回來。我每個月要去中國出差十天，每個月回到家後，心裡的負擔就更勝上個月。」

莫倫自己也跑過中國很多地方。他的公司是國際物流業中的翹楚，和許多跨國企業有合作。他認為自己對於做生意和財務都很有一套，可是就連他也不得不承認，和這位銀行家的這番交談真是開了眼界。

莫倫提到二〇〇八年的金融危機時美國的紓困方案，「一般美國人都以為，每個月有八百億的量化寬鬆金額進入美國的經濟體，但其實這些錢大部分都流進西方國家的銀行系統，然後這些銀行再將之貸給中國各家銀行。不過，其中大部分的資金，都是透過中國銀行體系，貸給中國的私人企業，他們才能夠持續建造大量的房屋。」

莫倫說，中共的夢想是要打造一個屬於中國的獨立經濟體，跟美國在一九五〇年代時，國內經濟爆炸，不需仰賴進出口的情形一樣。中國政府計劃「建造完全屬於他們的隔離經濟體，能夠自給自足」。

莫倫說，為了達到這一步，中國開始建造許多新的市鎮。這類型的新市鎮數量多達一二〇座，大部分可容納的人口數量在五百到一千萬之間。「這些城市的規模有費城的兩倍大，許多還比紐約市大。真是驚人。」另外舉個例幫助大家了解這一波市鎮成長有多厲害，光是二〇一二到二〇一四年，中國所生產和使用的混凝土數量，要比美國從一九〇〇年到二〇一四年間一百多年所用的總量還多。這麼龐大的混凝土使用量，導致混凝土在國際市場的價格大漲，華爾街還帶頭第一個漲，營造業因此大熱。二〇一八年，莫倫親赴中國考察，所見所聞讓他大受震撼：上述那位銀行家擔心拿不到的成千億投資金，就以一棟棟無人居住的摩天大樓、公寓大廈，以及製造業廠房的形式橫陳在他眼前。

他說：「空無一人的基礎建設數量之龐大，真是讓人瞠目結舌。開車到鄉間兜一圈，一眼望去，盡是比費城還要高聳的天際線，明明是晚上了，整座城卻是一點燈火也沒有，因為裡頭根本就沒住人。外頭大家都在講這些鬼城，但要等你親眼見到後，才真的是大開眼界。」

莫倫說他看到的有些鬼城，甚至還在持續建造擴大。舉目所見，都是高高聳立的起重機，不斷在築高樓大廈。他說：「我問招待我的東道主：『為什麼還建個不停？哪有公司行號想要進駐一間一百二十層樓高的摩天樓辦工？』但他們都不回答我，完全不想談這些事。」

莫倫也去參觀深圳巨大的製造業重鎮，他被安排參觀當地一座兩英里寬的人造湖。這座湖的湖邊全都鋪滿裁切方正的花崗岩，還有花崗岩砌成的露天看台，可容納上萬人。還有LED照明、播放音樂的音響設備、炫目的造景、以及環湖的耐震跑道。莫倫對這整個開發案非常讚嘆，也對環湖所建、總面積達到五億五千萬平方英尺的辦公室空間非常欣賞，就問東道主眼前的建物由來。

「這裡是中國未來的科技根據地，中國的矽谷。」

該地點當時九成五都空無一人，但莫倫在旅遊結束後，他被告知的訊息是，這整座城是打造來創造智慧財產用的，至少接待他的人的說法是如此，但應該全都是從西方國家偷來的智慧財產翻版。這座城市可以說是跟不斷生產出仿冒商品的中國工廠一模一樣，只是仿冒的商品換成是高科技業和數位產物而已。

這種拿西方國家數十億美金的投資，來蓋中國的無人空城的情形，已經相當多了，這些空市鎮未來要怎麼來招攬市民前去購屋入住，替投資蓋房的西方資金賺回利潤呢？要是這麼多房子都沒有辦法招到人居住、也沒人去買，那不斷再繼續投資蓋新的房子、道路、鋪設電線和水管設施，是為了哪樁？

假設，西方國家投資者投資所蓋的房子，一戶可以賣到十萬美金好了，這筆金額在中國這個每人年均收入只有七千五百美金的國家而言，可是一大筆錢。中國人民的購屋能力這麼低，再加上現有數百萬的空屋，據估計，現在全中國共有六千四百萬空屋，另外還有數十億平方英尺的空辦公室和空製造廠房，在開放市場下，這種供需嚴重不平衡的情形，應該會導致房地產價跌崩跌。（中國這種過度造房的情形有多嚴重呢？可以拿美國總人口數來看，包括、男、女、孩童都分配一棟的話，那中國總數六千四百萬棟的房子都還有剩。）可是因為中國的房價是由政府在控管的，所以始終不見其房價有所波動。莫倫相信，因為有數千萬房子賣不出去，私人的地產開發商應該會開始拿房子去跟中國銀行抵押貸款，中國銀行則會再拿這些房子再向西方銀行體系貸款。這情形下，西方的投資人不斷挖錢投資中國，蓋這些無人鬼城，只會承受龐大的損失。差不多是每投資一塊美金，就損失八毛。這損失可大了。

莫倫相信，這會成為西方國家機構投資者一堂慘痛的教訓，他指的是像是退休基金，而這會帶給西方銀行體系致命的一擊。可是在中國這邊，地產開發商卻還仍能保有那六千四百棟的空屋，只是帳面比原價低了兩成，這時只要中國政府允許私人開發商和中國銀行削價出售，那就有數百萬中國人民受惠。終於可以以付擔得起的房價買到屬於自己的房子，這些鬼城也終於找到了住戶。結果是，中共以踩在西方國家的嚴重虧損上，為自己的人民提供了數百萬棟的房子。到時候，這數百萬戶的新家庭會需要什麼呢？當然是家電用品啊：烤爐、烤箱、電冰箱、洗碗機、洗衣機、烘衣機、檯燈、桌子、音響、毯子、書架、電視機、電腦……數也數不清。另外也需要建設基礎設施：醫院、學校、購物中心、製造業、也要有辦公環境來服務這個地區。所以，只要蓋出屋舍這樣的基礎建設來，雖然是用西方國家投資人的錢，造成西方國家大失血，但卻能讓這些原本的中國鬼城，搖身一變，成為莫倫口中的「重振中國產業的催化劑，讓他們得以更接近擁有中國獨立經濟體的這個目標」。

▼複製獨裁體制

在美國國家安全會議中，我曾被邀請去聽一位麥肯錫公司（McKinsey & Company）專門研究對外援助專家的演講，麥肯錫的網站上自稱能幫助企業「創造重要的改變。」

坐定位後，我看著那位顧問的投影報告，報告是關於中國和非洲，標題則是：「獅群與龍群共舞」，看得我不禁眉頭一皺。我聽過麥肯錫的大名，知道他用的都是最頂尖、最聰明的人才。所以我暫且放過那個標題，再給講者一個機會，看他能不能讓我改觀。

果然，他讓我改觀了，但卻不是我所期待的那樣改觀。

這位顧問一開始的說明大概是這樣：

「沒有其他國家投入非洲國家的建設比中國深，不管在貿易、投資、基礎建設、金融等方面都是，所以我們認為，美國和非洲也可以有同樣的夥伴關係。」

接下來則是介紹中國如何成為非洲最大經濟夥伴的方式。他所揭露的，我將之歸類為五階段計畫，將一個低開發國家轉變為以資訊科技為基礎的極權國家。說實在的，麥肯錫公司的研究團隊可能以為，自己正在點出美國投資人進軍非洲市場的機會，提供一個雙贏的打造國家的機會。可是，這只是見樹不見林的短視。

中國取得開發中國家控制權的邪惡手法中，第一步就是要找到中國有需要的資源，像是礦產或是石油、或是農業作物。比如，這個國家有礦產，中國一開始會跟該國政府協調，提議興建礦坑，然後雙方談好條件簽約。

第二步則是興建礦區、讓礦區有水電可以運作。

第三步則是將挖出的礦產運往中國。

這時中國就會提出打造基礎建設的計畫，像是鋪路、造鐵路、商港等等。別忘了，要讓供貨順暢，電力和通訊設備都是不可或缺。中國於是跟該國再簽合約，興建這些平台。就這樣一步步，所有形成一個工業化經濟體的要件一一成形。

第四步則是這個演講讓我沒料到的地方。

這位顧問竟然說當時中國在非洲最大的投資是在製造業，而非基礎建設。他們將大量金錢投資在低附加價值的製造業，像是鞋類、紡織之類需要大量勞工的產品等等。這一來就很諷刺了：中國是廉價勞工的大本營，但他現在卻有很多接單是再外包給更低廉的勞力市場。當然，都沒人提到這作法所會產生的負面影響。

製造業的成長則會造成第五步：都市化。中國公司一定會建房子，原因在於工廠工人需要有地方住。理論上，這會帶來蓬勃的經濟，因為工人階級這時也可以負擔得起手機之類商品。政府於是可以到處安裝監視錄影機，還有其他監視社會的科技。

演講到一個段落時，這名顧問很興奮的告訴全場在座聽眾說，非洲現在可以買到五十美元一支的手機。他讚嘆非洲的手機製造商甚至還讓軟體在地化，讓黑皮膚的非洲人用手機拍出來的自拍照美美的。我就想：「天啊，中共這麼精心算計這一切，竟然是為了將自己的極權主義透過資訊科技部署到非洲去。」

接下來的才是中共處心積慮的目的：仰賴照片建立的數據後，藉此形成臉部辨識運算法，所以自拍照越清楚，就越有助於其進行社會監控。一旦所有要件都齊全，並且在一個新興國家紮根，中國就可以將他在自己國內已經熟練到家的數位極權控制手段，完整的複製造另一個非洲國家。透過這套基礎建設，各個相連結的政府都可以共用一套技術，包括人工智慧運作的監視錄影機、利用社群媒體監控系統來找出批評政府的證據。這讓中國只需花短短一代人的時間，就能夠打造出一個能夠完整的、以資訊/數據為基礎的大型經濟體，並將其控制權下放給經濟體中的各個獨裁國家的領導人。而中共在這時候就可以在這些設備裡安放資料回送的程式，讓這些搜集的資料全都傳回中國。這麼做不僅讓他能夠改善現有的技術能力，以創造更多的生意，更能影響掌控人民。如果了解中國這是在進行反民主的社會控制，就會感到這真是恐怖的陰謀詭計。但如果只是看到其打造國家、現代化設備、以及剝削他國經濟的作法，則會讚嘆其手段之高明。

演講結束後，我提問：「請問你有採訪過誰嗎？」這位顧問回答說他們採訪的對象全為中國籍的企業主、以及政府領導高層。我又問：「你們有採訪任何人民嗎？」我指的是廣大的勞工、反對領袖、教師、神職人員等。

他答：「我偶爾是有跟計程車司機聊天。」也就是說，他的研究顯然都是站在中國的角度在檢視生意的發展狀態。研究對於政治或是社會問題都沒有關照到，一些像是人權、言論和宗教自由、或是民主體制等等都不在研究中。也沒有討論到政府高層收回扣，肥了少數人，瘦了多數人的情形，或者是對於環境的破壞等。該研究小組可能只是想研究中國在非洲的工作，但很顯然，他們卻對中國一點了解也沒有。麥肯錫集團唯一關注的大事是，中國企業預估到二〇二五年時，將能在非洲現有和新開發的領域產生高達四千四百億美元的收益。也就是說，他們同樣的只看到了錢，卻完全沒顧及合理性和可能的危機。

要不是我清楚內情而感到失望和恐懼的話，可能會覺得他的演講很可笑。我們國家最優秀和最聰明的一群人，卻在無意間寫下一本八十四頁的劇本，內容描寫北京當局如何利用建設國家的手法，將非洲各國一一轉變為帶有中國極權特色的政府，並讓這劇本發揮影響力。這儼然就是一本入門手冊，教人怎麼賺錢、獲取權力、和監控反對政敵的教戰守則。到頭來，這些國家都只是迎來一位接一位的極權領導人，以及讓中國政府漁翁得利而已。而這些統治者似乎也都不明白，中國可不單單只是和他們分享科技，中國政府其實也將他自己的意識型態和他的人民植入這些非洲國家，**並且**在這些國家放進可供他利用的把柄，像是龐大的債務、潛在的勒索，監視數據等，未來這些都會成為他施壓脅迫這些國家依令行事的把柄。

▼一帶、一路、一個帝國

二〇一三年，中共主席習近平宣布開始兩項巨大的未來開發，這兩項開發的名稱，刻意引用中國過去做為主導全球強權的形象。這兩項計畫一開始稱為絲綢之路經濟帶和二十一世紀海上絲綢之路。這兩項計畫確實的細節有點語焉不詳，例如到底這耗資數兆美元的計畫要怎麼籌到錢，又有誰會是前期加入的成員，都沒有提及。不過，有件事倒是很確定。這兩個計畫的名稱都刻意引用了絲綢之路，而且這不是亂起的：這是要標榜中國重回主宰霸權的地位。古代的絲路是古人做生意的道路所織成的網路，大約在公元前一百年時出現，它讓漢朝得以和中亞、歐洲、非洲各國有來往。後來，中國政府把這兩個名字冗長的絲路計畫融合為一個，用較簡單的名字合稱，一開始叫作一帶一路（One Belt, One Road），最後則變成一帶一路倡議（Belt and Road Initiative, BRI）。

什麼是一帶一路呢？答案要看你問了誰。如果是三個縮寫字母的涵義，那一開始的計畫，是打算靠鐵路和航運，讓中國和位於中亞、非洲、中東、以及歐洲部分地區的國家產生連結。計畫是讓中國與這些新興國家合作，由中國出資並建造基礎建設，好讓雙方的連結得以建立，這就包括許多相關的系統都要一併興建，像是電力、供水、通訊等，跟中國政府已經在非洲推行的建設一樣。如果只看中國國務院在二〇一五年所公開的法案計畫書，會覺得一帶一路計畫真是抱持著博愛、援助開發中國家，並幫助推展自由貿易的無私國際計畫。問題是，可笑的就在這裡，中國政府何時遵守過自由貿易的原則？但一帶一路計畫可沒有明說這點，該計畫語焉不詳的說中國會幫助改變這個現實面：

中國將信守承諾，維持開放的基本政策，打造新式的全方位開放形態，並與世界經濟體系產生更深層的連繫。一帶一路倡議將使中國能夠更進一步的拓展並深化其開放的程度，並強化與亞洲、歐洲、非洲和世界其他國家之間的互惠互益合作關係。中國絕對會在能力範圍內，扛起更多的責任和義務，為全人類的和平發展，做出最大的貢獻。

但如果你問的人是曾在法國國防部擔任二十年中國戰略分析家的納代傑・羅蘭（Nadège Rolland），他目前也是國立亞洲研究局的政治和安全事務資深研究員，那你得到的答案肯定有非常大的不同。

羅蘭寫過《屬於中國的歐亞世紀？一帶一路倡議所帶來的政治與戰略影響》（*China's Eurasian Century? Political and Strategic Implications of the Belt and Road Initiative*）一書，此書非常出色，他說：「一帶一路是政治戰的工具，不過是個門面，只是它附帶了基礎建設的配備而已。千萬要分清楚，他宣傳所說的和其真實的目的。宣傳中把一帶一路說成是偉大開放、兼容並蓄、雙贏的策略，可以促進世界發展、經濟發展、區域繁榮、各種相關進展。但事實是，整個計畫都是繞著中國的個人利益在打轉，一帶一路說來好聽，其實，不過是要服膺一個主要的目的，幫助中國打造暢行無阻的崛起之路。」

一開始，習近平在二〇一三年宣布一帶一路計畫時，西方國家的高層並沒有察覺不對。但當時羅蘭就已經起疑了。她本人精通中文，所以翻閱所有她能找到的相關中文資料，開始著手進行她所謂的「雙層翻譯」，也就是說，她一方面翻譯中國政府公開場合說的場面話，一方面則譯出這些字面底下所暗藏的戰略目標，並查出中國政府究竟私底下做了什麼。「這件事不僅僅只要懂得另一個語言的文字，還要懂得其字裡行間的意思。

她的研究還要考慮另一個層面，那就是西方國家的反應，她說：「倒不是中國什麼事都講一套做一套，而是問題在於外界的觀察者，似乎不想要好好聽中國政府的意思，或者也可能是，外界根本不把中國政府的意思當一回事。這讓西方國家更加難以參透中國的意圖。」

有些外部國家，把中國一帶一路計畫宣傳中的懇切言辭當成一回事，看看世界銀行評論中該計畫的文宣是怎麼寫的：「一帶一路倡議是一項充滿雄心壯志的計畫，目的是要在跨越洲際的規模下，增強區域性的合作和連結。」值得嘉獎的是，世界銀行這篇報導，有提醒一帶一路倡議帶有「許多風險，包括財務上後繼無力，乃至對環境的負面效應，以及對於社會整體的影響。」但即使如此，它還是持續在參與一帶一路的國家之間，投資八百億美金提供基礎建設的開發。

這全都在中國精心設計的盤算之中。他在國內嚐到用西方國家的錢，來改善國內基礎建設的甜頭後，就想如法炮製，將這套手法用到一帶一路計畫參與國之間，並擴大規模，利用國際多邊機構，像是聯合國和世界銀行等來幫他負擔一帶一路計畫的花費。

羅蘭分析中國在論及一帶一路計劃時所用的說詞和用語。聽她這樣一步步拆解，就可以看出，中國在推銷一帶一路倡議時的說法，其實是用來幫助他達成一個目標，以重塑世界各國對於形成國家和主權基本價值的態度。她說，中國「其實是想要建構一套不同的世界價值，讓國際關係照他的意思來運作」。

羅蘭說，中國這一帶一路的基本架構，是植基於他們揉合馬克思主義、列寧主義和中國過去的帝國思想，而其核心概念即是這三個理想中共同將民族國家的國力置於一切之上的態度。也就是說，在政策形成的過程中，民族利益必定做為優先於一切的主要考量，其他事都比不上這點重要，所有構成這個國家的小老百姓不重要、人權不重要、上帝不重要、宗教不重要。在這種國族主義之下，信奉黨的教條和黨的權力是唯一至關緊要的事。

羅蘭指出，西方國家至少就理論上而言，是朝向均富發展的社會，她說：「一帶一路的基本思想架構，和我們習慣的那套價值觀是不同的。中國眼中所構思的那個世界秩序，是把自己擺放在金字塔頂端的。」至於人民和其他與其作對的國家，則都是在他之下，向其朝拜進貢。

羅蘭說：「最近我看到的一篇文章就把中國這種態度解釋得很清楚，文章用近乎詩意的寫法描寫：『我覺得諸國當如向日葵追隨著太陽般，仰望跟從。』這正是中國覺得自己應有的地位，在這畫面中，中國就是那顆太陽。」

但是，在二〇一五年中國國務院所發布的一帶一路倡議法案計畫中，中國二字卻幾乎消失。該文件中，充滿了讓人安心、信任、正向的說詞，呈現出一個完美的未來世界：

> **共同打造一帶一路計畫，對全球做為一個龐大社群整體都有利。一帶一路計畫反應了人類社會的共同理想和目標，這是找到全球全新合作模式和全球共治的一份正向計畫，而且還能為世界和平與進展注入全新的正面能量。**

這份文件中有一個相當諷刺的地方，那就是講的一副好像多嚮往和平一樣，可是私底下，一帶一路倡議卻是中共超限戰中最顛覆性的一項。這段文件最後一段文字是這麼寫的：

一帶一路倡議連結各國的計畫，將能夠讓一帶一路所經周邊國家的開發策略獲得協調和一致性，進而開發該區域的市場潛能，促進投資和消費，創造需求和就業機會，加強人民之間和文化之間的交流、並強化計畫中各國族群之間的相互學習，增進彼此互相了解，互信、互相尊重，在和諧、和平與繁榮中共處。

這些話表面上讀來沒什麼問題，但如果再深入一點研究這個計畫，就會發現其背後的真正動機。中國和加入一帶一路計畫最早的六十五個國家，占全球國內總生產毛額（GDP）總數的三成，人口數則占了六成二，擁有已知能源儲備的七成五，這些數字都是世界銀行的調查。這些數字不是最新、最正確的，因為後來中共又為計畫找到更多的合作國加入。這些夥伴，除了希臘和義大利這兩個西方世界經濟最弱的國家以外，地理上都離北京當局視為最強勁敵的國家甚遠：包括美國、德國、英國、法國、印度、南韓、澳洲、加拿大。

羅蘭說：「如果注意看一帶一路計畫參與國在地圖上的位置，就會發現這些國家加起來占了全世界的三分之二面積，而且清一色都是以新興國家為主。對中國而言，這就是未來趨勢，因為這邊會是未來人口成長率最高的地區，因此也最有機會出現大量的中產階級。所以中國要讓這些市場充斥著中國商品，同時要獲取當地的數據資料，因為這是未來科技最重要的關鍵。」

她又說：「這樣看懂了嗎？中國之所以這麼著重在鐵路，並不是因為他們落後。他們絕對是著眼於未來的，各國都很歡迎中國來建造基礎建設和交通基礎建設，卻沒有注意到背後中國也帶來其他的東西，而這些東西不會是他們所樂見的：大數據和科技。我最擔憂的就是一帶一路數位虛擬的部分，對我而言，數位虛擬的連結比起這些實質的連結更具影響力。」

數據資料和技術提供最驚人、有效控制族群的獨裁統治武器。數據資料可以把人們每天所說的、所讀的、所看的、所買的全都清清楚楚呈現出來。你去了哪裡、待了多久、跟誰碰面，全都一覽無遺。數據資料可以用來做生意和行銷，但也可以用來帶風向、操縱民意。這最後一點就如羅蘭所言，讓中國得以在市場上充斥足以操縱民意的相關商品，再透過這些商品來左右消費者的看法，中國要他們買什麼，他們就買什麼。但數據資料不僅僅可以用來鎖定特定對象、產生影響的效果而已，數據資料也同時可以用來讓人噤聲。透過數據分析，能夠用來指認出被國家視為壞分子的對象，再透過科技來找到他們的下落。這才是一帶一路項莊舞劍所在意的沛公。中國在意的不僅僅只是貨品能夠自由流動，拉高生活水平——雖然他的確也著眼於此，但這只是個誘餌。底下真正在做的，是除了上面那些改善外，在限制思想的流動，箝制意識型態的自由，並移除任何反對國家權威的意見。

羅蘭說，從一帶一路的宣傳，可以看到中國是怎麼巧妙沿用其外交官在國外包裝其政策的方式，同樣運用在一帶一路計畫去操縱別人價值觀的轉變和觀點：「就像是電影《變形邪魔》（*Invasion of the Body Snatchers*，一譯《天外魔花》）一樣，他們把一帶一路的外交說詞，放進聯合國的文獻中，就是掛羊頭賣狗肉，外表看起來不一樣，骨子裡卻是一樣的。所以現在一帶一路竟然出現在聯合國的決議文中，真是要命。有件事很多人都不了解，說詞漂亮很重要。要是你能夠把中共的說詞混進聯合國文件或是決議文中，就讓這個計畫獲得了合法官方背書，這樣他們就可以利用這合法地位，讓自己的詭計贏來更多接受。」

近年來，中國政府將南美洲納入其一帶一路倡議的未來合作名單中。中國政府已經拿下巴拿馬運河了，這是全球貿易的關鍵樞紐所在，當年還是美國為了縮短太平洋到大西洋之間的通路所打造的，而巴拿馬運河兩端的港口，現在也都歸中國所有。

一帶一路計畫中，首重船運和造港的原因有好幾個。中國目前擁有近七千艘商船，美國則差不多只有三百艘。中國商船中的主力船艦是超級巴拿馬型（Super-Panamax）商艦隊。這些是中國出口業務最倚重的大型海上運輸工具。中國所造的商港，就是特別以超級巴拿馬型船隻能夠快速泊港和卸貨的目標所建造，其速度之快，足讓美國的碼頭卸貨工人嚇一跳。物流和效率專家計算過，只要能夠讓重達數百萬噸的貨船裝貨和卸貨效率提升，就能夠讓船隻的運貨時間減半。因此增加的生產量，就能反映在提升的貨船噸位上，進而也就能反映在獲利的增加上。但這些商港，就如本書稍早提到的，也可以在需要時轉為別種功能：提供給中國海軍，做為軍事作戰的基地。

二〇一八年八月二十一日，中國政府與薩爾瓦多政府同意建立正式外交關係。中國的外交部長兼國務委員王毅和薩爾瓦多的外交部長卡洛斯．卡斯塔涅達（Carlos Castaneda）簽了一份共同聲明，聲明中說，薩爾瓦多同意和中華民國終止外交關係；王毅更發表聲明表示薩爾瓦多將會是中國一帶一路倡議的成員。其他跟薩爾瓦多一樣也簽了相同備忘錄的中南美國家還有委內瑞拉、玻利維亞和厄瓜多爾。

雖然美國一定不會加入一帶一路計畫，中國企業卻很不友善的在步步進逼，想要控制和破壞美國的基礎建設。

中國製造商也在美國的土地上撒野，他們想讓原本就已經逐漸勢微的美國鐵道製造業一蹶不振，用便宜的有軌機動車搶攻美國市場。這個策略非常成功，也讓人非常憂心。中國中車股份有限公司是國營企業，該公司已經拿到波士頓、芝加哥、費城和洛杉磯等地運輸主管機關的合約，他用的策略是用比對手低一半的價錢搶標。中方提供這些地方的鐵道機動車，因為都要靠數位科技控制，因此讓一家有著中資的企業，得到可以取得市政級安全資訊的管道，這讓中國中車得以控制國民和城市賴以維生的基礎建設中最重要的一環。

然而，已經有些國家開始退出一帶一路倡議。中國對待其境內維吾爾族穆斯林的方式，讓許多原本有意的國家紛紛遠離中國，因為他們國內有著大量的穆斯林人口。同時，斯里蘭卡和漢邦托塔港的前車之鑑未遠，這讓大家看清了，如果同意中國建造基礎設施會有什麼樣的下場：把國家的財政獨立狀態抵押給中國，最後等於是把國家的主權都給賣了。

▼鬆動一帶一路計畫

如果本章所述有哪一段值得大家牢記傳誦的，那就是納代傑・羅蘭所說的這句話：「一帶一路計畫是政治戰的工具。」

這句話很重要。一帶一路計畫就是中國在世界的地緣政治上下圍棋，圍棋這種中國流行的博奕遊戲，雙方要運用戰略靠著棋子在棋盤上圈地為王，只要被敵方斷了後路，就是被俘出局。對奕雙方比的是誰圈下的地盤多、拿下的棋子多。中國政府現在企圖滲透到全球三分之二的角落，靠這個方法，他可以就某種程度上，圈住對手，斷其後路，讓對手無法獲得其他國家的後援。

第十章・退秦之策：如何擊潰中國並遏止隱形戰

發動經濟戰與金融戰對美國而言並不陌生。在過去，美國就有從事這類戰役的經驗。當年蘇聯和東歐陣營的垮台，有絕大部分就是靠美國國家安全會議所策動一連串少為人知、卻至關重要的行動，這些行動是特別設計出來要摧毀蘇聯的經濟體，以促成莫斯科當局的獨裁政府垮台。

羅傑・羅賓森（Roger Robinson）是當初參與策動這項計畫的人士之一，阻止中國交通建設集團有限公司（簡稱中國交建或中交集團）（China Communications Construction Corporation, CCCC）在香港掛牌上市的人也是他。羅賓森生涯早期其實是大通銀行（Chase Manhattan Bank）國際部門的副總裁。七〇年代他原負責大通銀行的蘇聯、東歐、中歐和南斯拉夫分部，當時他因為寫了一篇文章報導蘇聯建造穿越西伯利亞油管，因此引起注目。該文的目的是要提醒西方國家，該油管完成後所會造成的影響力，他也因此被當時雷根總統非常倚重的內閣諮詢委員威廉·克拉克（William (Bill) Clark）、以及雷根時期的國防部長卡斯柏·溫伯格（Caspar Weinberger）注意。

羅賓森在文中警告，一旦這條油管建造完成開始供油，就能夠提供西歐各國能源需求的七成。這將能夠讓蘇聯原已枯竭的國庫重新開始賺錢，因為蘇聯之前陷入阿富汗戰爭，又和美國展開大型軍式武器競賽，加上和西方各國在科技創新上抗衡，造成國庫虛空，元氣大傷。這也同時會讓西歐各國對東歐陣營更加依賴。羅賓森因此獲邀參加美國國家安全會議，他和克拉克、溫伯格、以及美國中情局局長威廉·凱西（William Casey）共同想出一個從多方面發動攻擊的計畫，讓美國可以一方面阻止蘇聯繼續建造該油管，另一方面則動搖蘇聯的經濟。

羅賓森說：「全美大概只有十二個左右的人知道這個從經濟和金融方面著手的攻擊計畫，這個計畫不僅僅要阻止第二條穿越西伯利亞油管開始建造，也要讓第一條油管晚三年完成，並藉公開阻止金流進入莫斯科當局，以達成連私下的金流管道也完全阻斷的目的。」

為了達成這個目標，中情局在法國情報組織的幫助下，獲取蘇聯祕密警察心目中最想要的美國技術名單。在其最垂涎的項目中，就是控制系統，蘇聯想用這套系統來讓穿越西伯利亞油管可以自動化，並且協助維修。另一位國家安全會議的成員葛斯・魏斯博士（D. Gus Weiss）於是提議，何不讓蘇聯如願以償，但是在賣給他們的裝置中植入特洛伊木馬惡意程式，這樣的惡意程式一開始不會出問題，但到最後則會釋放出破壞的訊息。結果真的就是這樣：這套賣給蘇聯的系統後來就內爆了，引起「有史以來除了核爆以外，唯一一場從太空中能夠看到的巨型爆炸和大火」，這是美國前空軍部長、也是雷根和克拉克的顧問湯瑪斯・瑞德（Thomas C. Reed）在他的著作《深淵》（*At the Abyss*）中所揭露的，他還指出，美國多只衛星都在太空觀測到這起爆炸事件。

除此之外，雷根總統時期也從許多方面制衡壓制蘇聯，羅賓森說：「還有一項與沙烏地阿拉伯的協定，要生產兩百萬桶的石油，並解除國內原本規定產地每桶石油要十美金的管制。」這一來，因為一九八〇年石油價格掉到每桶 37.42 美金（計算通膨的話約合今日的一一四美元），讓蘇聯所倚仗做為強勢貨幣支撐重要的來源收入就此斷炊。同時，羅賓森和美國政府又積極反對國際上許可蘇聯發行主權債券，進一步讓蘇聯無法順利取得急需籌得的現金，以解燃眉之急。

「當時雷根總統瓦解蘇聯的多頭戰略中，這是最不為人知的一項，雷根總統同時也加入了戰略防衛方案（Strategic Defense Initiative），外加前進部署巡弋飛彈、還有由聯合國金·克派翠克（Jeane Kirkpatrick）所帶領的意識型態之戰，另外還有由溫伯格所主持的大型防禦軍力，以及比爾·凱西（Bill Casey）為伊斯蘭聖戰遊擊戰士（mujahideen）所帶來的刺針便攜式飛彈，以及在尼加拉瓜多座港口布雷。」

蘇聯於是在急切需要外債卻無法充分取得的情況下，經濟下滑，導致無法在新科技上與國際競逐，再加上開立的戰場過多，戰略上的磨耗太嚴重，以致於蘇聯到最後連主權都無法維持下去。一九九一年，蘇聯一共質借了九六〇億美元的強勢貨幣債，就這樣撐了兩天，終於導致蘇聯垮台。

羅賓森相信，跟當年在他協助下垮台的蘇聯相比，現在的中國也陷入「同樣的僵局困境中」。可是就像其他對中國實力存疑的專家一樣，他也看壞中國這個世界第二大經濟體，認為中國正遊走在崩盤的邊緣。他說：「中國現下有很多方面都出現大紕漏，說確實點就是：中國需要快速的經濟成長，但是他所需要的成長速度，卻不是他所預設的獨裁模型經濟體所能夠掌控的，因為快速成長就會出現新的貸款刺激，公家必須出資建造基礎建設，以及為了讓人民不失業而出現無意義的工作機會，這些都超出獨裁模型經濟體的掌控範圍，中國想收手卻收不回來。這形成一個惡性循環，因為如果硬要斬斷這樣的惡性循環，不管你再怎麼小心翼翼、都還是會對成長速度造成破壞性的影響。」

到頭來，中國的影子銀行（shadow banking）作法，操縱市場，以及加印貨幣和債券等非法作為，「都經不起公開透明的檢視」——羅賓森這麼說。再加上不良貸款和債務結構已經來到人均毛額的三倍以上，他說這樣的數字是撐不久的。「中國想要把數字壓下去，因為他們知道眼前所面臨的問題可能導致一場大災難，但是他們無力回天。」

所以羅賓森預期，金融業普遍奉行的規範將會讓中共鎩羽：「我沒記錯的話，申報、透明化、風險管理、合法的企業經營、可靠的財會審計、股票市值、公司商譽等，都屬於市場的範疇，不屬於國家安全的範疇，也不是道德的範疇。我們要求他以合乎市場運作規則的方式，進行合宜的商業行為。」既是如此，美國就必須設定策略來阻止中國獲取全球霸權的計畫。我們並不需要採用像當初斷蘇聯銀根的方式那麼激烈多謀，但必須要很集中，不懈怠而且要劍及履及，片刻拖延不得。

我們一定要讓公平貿易真的能夠公平，逼中國遵守國際貿易法規。

我們也要教育華爾街和各大企業高層，並讓他們有足夠的誘因留在美國，不再投資中國。一直到中國願意一切都依照貿易規範行事，並為自己的所作所為負責為止。

我們應該投資美國，投資在美國的基礎設施，投資美國的製造業，投資美國的研究和發展能力。

我們要讓美國境內的5G和所有數據資料都獲得保護、安全無虞。

我們也應重新調整美軍的結構模式，重新思考其定位和角色，並調整其先後順位，以符合數位時代的戰爭現況和挑戰。

這裡面的每一個領域，美國的領導人都應該做一件過去四十年美國領導人始終未能做到的事：對中國採取堅定立場。

▼到此為止、義無反顧

中國對美國經濟以多種形式、發動日復一日的攻擊，但我們卻始終沒能劃出底線，任由他步步進逼。我們應該支持那些被中國攻擊的企業，支持那些被中國駭客入侵導致公司智慧財產被竊的企業。要是中國公司日後被查到盜取智慧財產，就應該以加重關稅、罰款和禁止銷售等方式以示懲戒。要是中國駭客入侵美國政府機關或是私人公司，就應該進行制裁，以打擊特定中國政府機關或是企業領域。要是替中國關說的政治人物以煽動分裂，介入選舉，進行心理作戰等原因攻擊推特，而且中國也禁止推特上線，那麼中國版的推特、微信也應該在美國被禁止上線才對。這沒什麼好說的。

要站穩堅定立場，需要有多方面的努力支持，因為這涉及來自中國多種領域的威脅。要是中國自己沒有立即的改善，老實說，中共會願意放棄超限戰，並開始守法，這樣的可能性可以說微乎其微，因此美國應該儘快讓這些政策就定位。

中國政府使用財政做為誘因，以此放長線釣大魚。西方國家也要以其人之道，還治其人之身。雖然中國答應要開放市場或是提供現金，這兩招是中共最愛用的，西方國家則應反其道而行，以便迫使中國不能再繼續施展超限戰的技倆。也就是說，不要讓中國有管道可以取得西方國家的資本和進入債券市場，凡是不遵守西方普遍遵守的審計原則的中國公司，或是強迫西方企業將技術轉移給中方的公司、或者是進行可疑的智慧財產剽竊的公司，都要加以制裁。

要做到這一步，那自由貿易的原則一定加強，對於毫無根據或是虛構價值的輕鬆獲利方法則應加以節制。有這樣的機制存在，就能夠強力阻絕美商投資中國。美國證券交易管理委員會一定有辦法使用這些機制，也應該用上。

因為每家中資企業最頂頭的上司一定都是中國共產黨，其獲利和公司市值就只是個浮動模糊的概念。影子銀行在中國是普遍被接受既存的情形，在中國境內，中共和中國銀行可以高興撐支那家公司就讓它開下去，不高興就把它所有資產都掏空。這樣的情形，讓中國境內公司的資產負債表都大有問題，要正確估算其市值變得極其困難。可是如果你了解，公開招股公司會計監察委員會（Public Company Accounting Oversight Board, PCAOB），這個代表財會稽核通用審核標準所在的機構，中國竟然不准它稽核在美國證交所上市的二二四家中國公司的主要審計師帳簿，這讓外界完全無法估算這些公司的市值。但根據《法規遵循週刊》（*Compliance Week*）報導，二〇一八年時，這幾家公司的市價總值大約合一兆八千多億。

美國證券交易管理委員會（Securities and Exchange Commission）和公開招股公司會計監察委員會在二〇一八年年底開始針對這些問題進行動作，兩家機構事後發表共同聲明，警告大眾「要是中國這種重大訊息被封鎖的情形持續下去，那涉及在美國掛牌上市的公司，進行改善清理的動作都是免不了且合理的。」

美國證券交易管理委員的公司資產評等，共分為三級，第一級包含來自活絡市場中的現金及約當現金。第二級包含投資。第三級則是投資資產被視為無法察覺之投入資金，也就是說，投資無法獲得可信的量化，這有可能是因為以下幾個原因：無法確定私有公司的市值、依賴影子銀行資金的公司、抵押相關的資產、複雜的金融衍生商品。因為中資公司並不遵循標準的審計作法，多數中資公司都應被視為第三級的資產。據此，金融監督管理委員會（Financial Accounting Standards Board, FASB）得以在美國財政部的要求下，開始用不同的審計政策加以處置。

要是美國證券交易委員會認為這些不守公開法則的中國公司應該下市，那這總合一兆八千萬美金市值的所有公司，根據美國證券交易委員會的規則認定，就是再也沒有實質市值了。

美國證交會還有一個手段可以採取，就是宣布一家公司的不可轉換現金持有為第三級資產。這是逼不得已時的作法，但如果想要逼中國停止以不正當手段操縱金融體制、欺騙消費者的話，這確實是值得考慮的一個作法。

美國證交會若如此改動，可能會對各地投資人造成巨大的損失，畢竟，沒有人知道通用汽車在中國境內賣車究竟賺了幾百萬美金，把這所有的現金持有一筆勾消，可能會大幅影響該公司的市值。沒錯，美國大小企業和投資人在這樣的雷厲風行下，可能都會遭到波及。但是理想上，這將能讓投資中國這個熱市冷卻下來，並帶動其他投資市場的熱絡。而中國經濟則會因為投資管道減少，而開始趨緩，達到成長目標的腳步也會受挫、同時其挹注國際開發計畫的資金也就會消滅。到時中國就會被迫轉往其他管道尋求收益，而美國也要開始準備對其他國家施加壓力。石油含量豐富的穆斯林國家，多年來應該對中國政府打壓維吾爾族穆斯林信徒的作法相當不滿，這時美國應鼓勵其他穆斯林國家共同加入投資禁運的行列，協力逼迫中國進行經濟和社會的改革。

那些在一旁為中國敲鑼打鼓助陣的美國華爾街金融郎中，還有那些誤信他們吹噓的投資人，在這情形下也勢必受到波及，但這正是此舉的目的：靠避險基金發橫財、坐收漁翁之利的金融圈和助長中共聲勢的無知投資人，他們靠著經手對中貿易賺了數千萬美元交易佣金，現在也該有所覺悟，知道自己這種貪婪的行為，已經對美國的未來造成負面影響。

美國五十個州的公共退休制度所持有的有價證券裡，有許多都是中國公司所發行的股票，但這些公司本身在美國就屬於不守規矩的老鼠屎，都是些製造飛彈和戰艦的軍火公司。這些美國投資人所買的股票會對美國國家安全產生影響，負責經手的投資經理人不能不聞不問。這樣的問題必須浮上檯面，成為全國性對話的議題。換成是在第二次世界大戰時，美國的投資人會想要投資德國、買德國公司發行的股票證券嗎？中國現下惡劣的危害人權作為，像是強制下放勞改營、不允許集會遊行、對人民洗腦等，都像極當年納粹的所作所為，讓人不寒而慄。他無所不用其極的使用數位監視方式來迫害特定族群的宗教信仰，這種充滿壓迫性手段的國家策略，比納粹有過之而無不及，若是將之冠上新的頭銜「後納粹」，可謂當之無愧。

這些作法都是逼不得已才被迫使用的手段，但卻是逼對方談判的籌碼。使用得宜，就可以逼中國遵守國際規範。但使用這套戰略，必須所有人都維持堅定一致的立場才能成功。要用軍事般精準的方式，用在對的地方。因為老實說，這就是一場戰爭。在中國一項一項照規矩來之前，所有的違反情事都要端出最嚴厲的手段伺候。聯邦政府下所轄的三個部門，都要使上全力來保護我們人民的資產：技術、知識、金融，而其中最重要的，則是憲政體制。發動這麼全面的對抗，想來很恐怖，但是極權中國那些懷疑別人、反民主、反個人主義等**反人性**的行徑，已經逼得自由世界沒有別的選擇了。

▼鋤強扶弱

先前已經提過，中共放任中國製造商製造仿冒品毫不手軟，更放任那些仿冒品銷往國外市場。這些仿冒商品為中國賺取外匯，讓中國的人民得以有工作，而這些仿冒商品削價與真品競爭，則損害外資公司的利益，這些外資公司卻是真正花錢在開發商品、讓商品上市順利發行的人。

更有甚者，中國在對於運往美國的商品，並不檢查其中是否有仿冒品或是有侵犯智慧財產權的商品，一些仿自專利商品、獨家設計或是專利軟體的商品，也都銷往美國，美國不能再任由這些非法產品進入美國。美國應該更嚴格查驗進口貨櫃和商品，只要對落網的不肖商家課以重罰，就能用罰金來支付查驗貨櫃和商品的人事費。例如，只要一艘中國來的貨船被發現有一項仿冒商品，那家船運公司就要每個貨櫃罰一千美金。那既然這些貨船背後的船東就是中共，而有些貨櫃船一艘就可載一萬個貨櫃，這樣重罰的結果，就是會讓仿冒變成要付出非常高代價的行為。

要是這樣還無法阻止走私非法商品進入美國，那還有別的辦法：把整艘船遣返中國。雖然這樣做可能會傷及等著要賣這些商品的美國公司，甚至還有可能會造成特定貨品短缺。但對中國方面而言，損失是更大的：公司會因此付不出錢，因此延誤交貨期限，要付的罰金也會損及公司市值，運貨的排程也會因此大亂。這會造成單位運貨成本變得非常龐大，因為所有的後續開支都要由船公司吸收。到時一定一團亂，藉此得以阻擋中國船運達成這個目標：以有效率的方式在港區裝卸貨作業，讓運貨時間減半。

▼下重手

二〇一七年八月十四日，川普總統行使憲法賦予美國總統的職權，引用一九七四年貿易法中的第三〇一條款，並簽署一項備忘錄，指示美國貿易代表（United States Trade Representative, USTR）調查「中國是否針對智慧財產、創新和技術相關項目立法、設立政策，以鼓勵或是要求將美國技術和智慧財產轉移給中國企業，或者要求他們從事有損美國經濟利益的事。」

時隔八個月，美國貿易代表交出一份指證歷歷、長達一八二頁的報告，上面歷數中國政府對美國公司所採取的蠻橫政策。儘管該文件上都是法律和企業術語，但看到當中許多證據都證實本書的指控，還是讓人讀來深深著迷。以下節錄該報告中

第一部分的三小段，揭露中國政府如何處心積慮迫使美國企業交出公司資產，以換取在中國經商的營業許可：

- 二〇〇一年以前，中國經常毫不掩飾的強制外商進行技術轉移……以換取進入中國市場的許可。「在二〇〇一年中國加入WTO以後，中國就不再採用這項作法。」從那時起，許多不同的訊息來源都證實，中國的技術轉移政策和作法都變得較不露痕跡，通常都只會用口頭的方式來暗示，或者是「關起門來商量。」
- 中國的「國家中、長期科學和技術發展規畫」（二〇〇六—二〇二〇）承認中國在「原創創新能力上極為薄弱」。也承認，中國的高科技產業落後於那些更先進的國家。為了要改變此現狀，該計畫呼籲中國應該「加強引進技術的吸收、消化、和再創新。」該計畫指出應力圖實現「國外智慧財產和科技的引進、消化、吸收和再創造這個概念（IDAR）。其作法共包括四步驟，每個步驟都有賴中國政府和中國企業間的密切合作。才能夠充分利用國外科技。」

．從二〇一一到二〇一六年，中國政府至少在十個場合、包括四個與習近平有關的會議中公開宣誓，要放寬對希望赴中經商的美國企業進行技術轉移的要求，並確保所有技術轉移全都是在商業考量下完成的決定，完全沒有政府介入干預。但之後卻毫無證據證明中國政府在這方面作了什麼動作。也就是說，所有這些政策性的宣示，純然是謊言。值得注意的是，中國這種以進入中國市場為交換條件，做為換取技術轉移的要求，違反國際貿易組織的協議。

美國貿易代表這份調查報告共包含五個部分，以下予以詳列：

．中國政府運用對外國企業在中國境內營運的限制作為要脅，來交換、施壓美國企業將技術轉移給中國企業。

．美國公司如何被迫「以非為市場考量、獨厚中方、無益美方的條件，將技術授權給中資企業」。

・中國政府如何明令「美國公司有系統的投資中資企業、並且有系統的讓中資企業收購美國公司的資產，以獲取最先進的技術和智慧財產，藉此讓中國國家工業藍圖中視為重要的產業獲得大量的技術轉移。」

・中國政府如何指揮、支持駭客滲透入侵美國商業網路，以獲取「未獲授權的管道，取得多樣的商業機密資料，包括交易機密、技術資料、協調條件，以及敏感和為私人所有的企業內部對話。」

・其他中國政府獲取國外技術形形色色的方式，舉凡可能有關國家安全或是網路安全方面，從聘用專家到明令並施行法條等，都要配合中國國內智慧財產權保護不足的環境來作考量。

在本書即將付印前夕，二〇一九年六月間，美國總統川普因為不滿中國一再拖延，決定下令對中國加重關稅。可想而知，美國金融專家跟著就紛紛發表預測，認為此舉將會衝擊兩國經濟。但從另一個角度來看，其實是沒有差別的。對中國加課關稅，顯示的是美國對中政策的巨幅改變。極權中國不公平貿易已然搞了數十年，但這卻是頭一次，美國明白表示自己無法接受這種情形。終於這次不再只是對空鳴槍、予以警告。這樣的政策改變極其巨大，當然，事情並不是突然發生的，事發前早就已經有預兆了。

二〇一八年十二月二日星期六這天，川普統總統和習近平主席兩人在阿根廷布宜諾斯艾利斯共進晚餐，雙方同意暫時停戰九十天。川普總統後來在他的推特帳號上形容這是「一次漫長、希望也會是具有歷史意義的一次會面」。

當晚，在七千英里外的加拿大溫哥華，一次出人意表、但可能要更具有歷史性意義的會面也正在進行，這個會面的人物是加拿大司法部的官員和中國電信公司華為的首席財務長兼公司副董事長孟晚舟。

加拿大司法部官員奉令拘捕孟晚舟，並對外宣布要將她引渡到美國紐約市，屆時她就會在美國被起訴，罪名是華為違反國際對伊朗的經濟制裁行動。

表面上看來，孟晚舟被捕是美國司法部對華為所提出的控告，指華為違反出口法，使用美國授權華為的科技供該公司在伊朗使用。孟晚舟是華為創辦人任正飛的女兒，任正飛原是中國人民解放軍的工程師，美國拘捕孟晚舟，可謂非常非常戲劇性的轉變，也是改變中美關係的重要一役。因為這也是數十年來，美國政府首次對一家一再不按規矩走的公司採取具體的法律行動。而且，華為可不是普通的公司，華為是全球最大的通信器材製造商，也是全球第二大手機製造商。

華為還一心想成為全球 5G 網路的領導人，新聞報導該公司已經斥資兩百億美金在研發和設計 5G 這個下一代的網路平台。從這個角度來看，逮捕華為首席財務長孟晚舟這個行動，可以被解讀為美國對中國的鳴槍警告，也是針對美國貿易代表所提報告所採取的動作，更是美國破釜沉舟決心的象徵。

華為、小米、Vivo、歐寶（Oppo）、聯想（Lenovo）等中國電信和手機製造商，都被歐美情報和國外政策專家視為中共用來盜取全面性資料的工具。許多國家更因為擔心華為的組件藏有後門程式，可能會將資料後送回中國，因此紛紛禁止華為銷售或是延宕與華為的合作案。澳洲和紐西蘭最近就禁止華為在國內搭設網路平台，波蘭最近則逮捕華為的銷售總監王偉晶，罪名是從事間諜活動。當然，華為如預期的加以譴責了，華為同時也否認對這名員工的行為知情，同樣的，華為也否認孟晚舟有從事任何不法情事。

我在稍早已經深入談過5G的問題。但因為事關重大，所以應該要再講一遍。談到技術轉移時，其實，任何的資料轉移都一樣，對國家安全、公平交易、隱私和國家主權等的威脅，沒有什麼比起發包給中國公司代為執行網路系統，從而讓它得以經手所有線上數位資料來得更具威脅性。以中國所展現的目標和對於出色技術的渴求程度來看，上述這件事，會是當前對民主和自由世界最明確且最立即的危害。任何國家、政治人物、生意人，投資人、人民，若是讀到這邊，還無法想像使用中共所出資設立的電信通訊會招致什麼反效果，那一定是前面都沒用心在看。因此，對華為和其他中國技術公司發出嚴正警告威脅，讓他們知道他們的非法行徑和違法作為應從實招來，這絕對是很好的第一步。

二〇〇八年，川普政府同時也針對盜版和不公平貿易採取積極的處理手段，像上文中提到喀邦尼的「電視寶」那樣，因為中國仿冒銷美造成他重大損失的情形，以後就可以安心多了。川普政府告知美國郵政公司，要終止予以中國寄美包裹補助的合約。這表示美國製造商以後在亞馬遜、eBay、以及其他開放電子商務平台上，不會再看到那麼多的仿冒品。

▼停止資助中國戰爭機器

二〇一八年二月間，中國船舶重工股份有限公司（中船重工）在法蘭克福證券交易所上市，發行十億美金債券。根據金融調查員的調查，該公司刻意以各種錯綜複雜的交易文件來掩蓋這宗交易的來龍去脈，讓債券發行商列為中國郵政儲蓄銀行的股票，再透過中國國際信托投資公司（China International Trust and Investment Corporation）的子公司來發行。為什麼要這麼遮遮掩掩呢？原來，中船重工正在建造中國第一艘核子動力航空母艦，一艘最尖端科技的戰爭機器，另外，中國也在建造一艘核能潛水艇。上述的十億債券想當然爾，也會開放美國的投資機關，像是證券商、證券公司、避險基金、退休基金管理公司讓他們認購，之後也會在二級市場發行。誰買下這些債券，我們是不可能知道，但是，毫無疑問，有些資金是來自美國，但這些資金，到時都會**被中國拿去投資在改善其軍事武力上面**。大家好好想想，這問題回到前幾頁我提過的那個情況。身為一名美國投資人，去收購這些中共發行的債券，就好像二次大戰時，美國人去買德國人發行的債券一樣荒謬。

這是最好的例子，讓我們看到，中共的爪牙是如何鑽西方國家金融體系的漏洞，使用西方國家的現金來強化人民解放軍的國防系統。所以這樣的情形，也應該停止。應該成立一個跨部會的機構，專事審查中國和其他外國單位前來美國的資本市場籌募資金，各家外國公司和其旗下企業都應該被美國情報單位、外交單位、軍事單位一一檢查。可以想見，金融產業眼見數兆收益受到影響，一定會強力動員遊說，力圖阻止政府對任何形式的投資設限。但，如果美國想要確保自己的資本市場不會被人用來對付美國自己，那真的別無選擇，只能這樣做。

同樣的情形，美國退休基金也已經有數十年的時間都投入在建造、改善中國的戰爭機器，基金管理公司拿這些客戶的養老金去投資中國市場。也就是說，那些愛國的美國公民、那些自己親戚在美國軍隊中出生入死的美國公民，晚年的依靠卻被拿去強化美國軍隊的敵人。

照理說，這些退休金所有人，有權決定退休金如何投資，並可據此要求基金管理人別再將錢拿去買會壯大中國軍隊的股票。可是我相信，多數的退休金存戶，並不會仔細去看他們保單裡的投資組合。所以，為了要提高這些存戶的警覺和對自己的投資採取負責的態度，政府應該要發起活動，讓人民知道，原來美國人的錢，竟然被拿去投資有損美國利益的事。那些不理會這些顧慮的企業和公司名單，也應該公布，讓所有金融界公司行號知道。

為了阻止中國在南中國海對台灣、越南、韓國頤指氣使，作威作福，美國也應該採取作法：不對稱戰。所謂的不對稱戰是軍事用語，指的是要採用敵方無法預期的戰術。在與俄國的核武不擴散協議終止後，美國現在可以開始建造長程和中程的彈道飛彈，並將之分享給盟國部署。美國還可以部署**移動式**飛彈，這也是一種不對稱戰的變形，這種飛彈可以避免讓中國知道美軍的飛彈部防地。再加上升級的指揮與控制系統，美國就能夠從敵強我弱的狀態，搖身變為擁有具嚇阻性的戰力。要是中國無從得知飛彈的發射地點，又一直堅信美方下手絕不手軟的話，那美方就立於可以防止衝突的不敗之地。但美國一定要讓中國相信我們下手絕不手軟。

▼核武的選項

在搜尋平衡美中經濟關係作法的選項時，我最擔心的，就是人民解放軍的攻擊方式是沒有設限的。因此美國就需要有核彈的威脅做為嚇阻。當然，最理想的狀況下是這些武器永遠也沒有機會派上用場。但是，所謂的狂人溝通理論或是野蠻人溝通理論，就是要讓對方知道惹到我們會有什麼後果，並對這後果產生恐懼，這一招永遠都管用。看看北韓的例子：金正恩這個完全控制在中國手裡的傀儡領袖（要是中國關閉通往北韓的國界，那北韓勢必會立刻出現動亂和饑荒），他之所以有恃無恐，就是因為手上握有兩個逼和的籌碼：足以威脅南韓的龐大軍隊，以及一顆核子炸彈。靠著時不時威脅要使用核子炸彈，讓他偶爾能換到談判的機會。

同樣的，川普總統變幻莫測的性格，在這方面可能也有些幫助。一位把所有選項都攤在桌上讓對方自己選的總統，儘管看起來有點嚇人，但絕對是很好的怯敵之道。

▼惠我政策

中國的戰略在過去幾十年來一直進行得很順利，原因在於中國把美國商學院裡所傳授的那套說詞強化後，挪為己用。讓持股人的市值增加，是建立財政實力的不二法則，這完全沒有第二句話好說。中國就是抱著這個金科玉律來制定戰略，因為他們用此來解釋，為什麼需要有人持續不斷投資中國經濟，而且需要找美國企業合作的原因。

中共用的說詞是，既然自由貿易會帶來財富，財富則會帶來民主，那關稅就是不好的，其實這說法很難自圓其說。讓中國加入世界貿易組織，中共得以使用降低的關稅來獲取美方的投資，以壯大其培植中的全球大帝國。一旦二〇〇八年美國對中國加徵關稅後，緊接著曝露出中國過於寬鬆的法令、非常差的環境保護法、以及極差的就業狀況，這些根本不可能吸引到美國持續的投資。不幸的是，當美國投資轉往他國時，往往會找與中共治理模式相似的國家來投資，一樣還是在剝削工人、汙染環境。

中共向全世界展現了，他的統治模式在操縱上很管用，藉此將之輸出到其他國家，其他國家就跟著模仿這套模式，自由世界的面積就相對被擠壓縮小。要阻止極權主義，就要對中國和其他違反國際法國家貨物持續課以重稅。只有這樣做，投資才會回流美國，美國不管在能源成本、企業稅率、以及法規上，都是經濟合作暨發展組織（Organization for Economic Co-operation and Development, OECD）諸國中最低、最寬鬆的了。企業發展需要穩定，可是，除非企業知道自己沒有別的地方可以出走，不能再到可以規避法規來增加獲利的國家發展，只能留在美國，要不然他們是怎樣也不會回美國投資的，連帶的，美國失業率問題也就無法解決。

所以若不長久性的課關稅，像中國這樣的國家就不會乖乖遵守規定，他們會覺得反正不守規定也不會受罰。但是美國企業界的共識一向都只在乎增加股民的獲利，他們一定不會贊成給這些違規國家加稅，因為美國企業想要靠在這些法規不嚴的國家做生意，好讓他們的獲利更高。就是因為這層想法，美國企業界和中共才會為了利益結合，一起幹下骯髒勾當。也是因為這樣，美國人的薪資才會數十年如一日沒法提高，國內的失業率也高居不下。

▼尊重制度起於自家

滲透和影響是中國政府在國際間作惡使壞的慣用技倆。中共操控的方法，是靠內神通外鬼的手法。管道則是靠投資、人力。中國政府用狡詐的高明圈套請君入甕，透過經濟力來達到他所要的目的。

中國政府深明有錢好說話的道理，再加上，在八千里外的中國談成的生意，會怎麼影響華盛頓首府的政治決策，這中間的關連實在太難證明、掌握了。但美國政府還是有幾個防治之道，可以用來讓這類不恰當的行為減到一個程度。

聯邦政府、州政府、市政府等的官員，以及其家人，言行舉止都應該恰如其分。這包括他們應該公開揭露自己和中國、或者和中國國有企業之間的關連。最理想的狀況是，應該要求政治人物在進入公職後，將自己的持有股份交付保密信託。此舉雖然不易做到，也很有可能因此招致反商業競爭和限制個人自由的非議，但不好意思，該做的還是要做。要投入公職是你自己的意願，沒有人逼你。美軍的成員，被要求的道德標準，比起政府公職人員來可是來得要更高的。比如說，依照美軍統一軍事司法法典，婚外情是刑事法。以目前中國政府猖獗操縱美國政界成員的情形來看，美國政治人物和公僕的確應該要被以更高的標準來看待，才能維持美國的國家安全。

同樣的，國會議員上任也應宣誓，在卸下公職後，要有五年的旋轉門條款才能轉任私人企業在國會的遊說、陳情代表。因為我們實在太常看到美國政治人物一卸任就馬上轉投遊說事業，只為把自己的公職資歷剩餘價值拿來換現金，發大財賺一筆。他們都想成為可以影響政策決策的推手。他們想靠推動法案圖利外界勢力來賺錢，這外界勢力包括中國企業和中國政府。所以美國需要提防且積極應變。

同時政府也要跟美國企業保證，要是他們主動提報有人盜取公司智慧財產或發動駭客攻擊，那政府情報單位會幫他們的身分保密，除非因為攻擊造成資料外流，已經危及消費者安全才有不同作法。這些公司是遭到攻擊的一方，警方要保受到攻擊的被害人的身分，政府也要讓企業知道，他們的身分不會因為他們提報攻擊而被洩露。

▼新中文媒體大本營

美國需要發展自家的中文媒體，以有別於中國獨占全球的中文新聞和娛樂，要將之放在國內和全世界發展，與中國媒體互別苗頭。

這些美國發展的中文媒體的目標，是為了提供中文閱讀聽者一個不同觀點的獨立內容。現在，中國一直在全世界各地輸出反西方的宣傳，卻沒有人去反對他。反對的觀點、辯論、自由言論、對於民主或宗教的討論，在中國的官媒，新聞、網站、電視節目、或廣播電台上是完全不存在的。

美國政府應該提倡並保護獨立的中文媒體投資行為，同時也要查封所有美國境內由中國共產黨所成立的電視台和廣播頻道，以此制裁中國明目張膽觸犯國際貿易法，違反版權保護、人權、網路通信協定，或是標準審計作法等行為。

像前文中所講述的美國之音讓龔小夏等異議人士噤聲的事，想讓這類醜聞不再出現，美國政府就要重新成立美國新聞總署（US Information Agency, USIA），這樣類似當年由艾森豪總統所創立的政府機構，讓它專職負責所謂的公眾外交

（public diplomacy）。美國之音原本就是隸屬於美國新聞總署旗下的機構，只是在一九九九年時，美國新聞總署廢止，併入美國國務院之下，這之後行的就是私部門外交（private diplomacy）。公眾外交和私部門外交是外交上南轅北轍的兩種作法，理當分開運作，並行不悖。目前，要是中國政府對美國之音的播報內容不滿意，他可以直接向國務院表達不滿，並找到他在內部的接應，藉由這些接應在政治界的影響力，施壓美國之音。一旦負責公眾外交和私部門外交的兩個機關獨立運作，那就能各行其是，不會互相干擾了。

美國政府也應該關閉全美校園內的孔子學院，對這些於美國校園內行學術恫嚇的中共海外鷹犬，也應停止再發放簽證。

▼改變移民作法

不守遊戲規則的中國移民湧向美國，是美國當前面臨的一個制度性問題。以美國目前在北京駐中大使館和各大城市領事館中的移民官員人數來看，能夠分配給每位申請赴美中國遊客的時間只有三十秒。聽到的人可能會覺得這也太荒謬，太不可思議了，簡直就像是嘲笑公務人員笑話講的一樣，但這卻是真實的情形。我自己當年在擔任駐北京美國大使館武官時，親眼看到過這樣的辦事過程。這是因為移民官員被交付了不可能完成的任務。只有短短半分鐘，怎麼可能夠他們按步就班審查申請赴美短暫停留旅客的身分？這根本辦不到。於是大部分這些由中赴美的申請者，就被很制式化的一律發放十年的訪美護照。

中國政府喜歡把中國人民往美國送，在他們眼裡，這是雙贏的作法。因為中國人對他們而言，就像是另一項生產過量的產品一樣，已經飽和了。這些赴美中國人，很多進了美國企業工作，他們不僅領美國企業的薪水，也能取得美國企業的技術、美國電腦的程式碼、美國企業獨有的專利等。

這話不是在說每個赴美中國人都是為了執行中共任務而被派來美國的間諜，很明顯，大部分赴美的中國人都勤奮工作，只是為謀個好差事、好生活的平凡人。我這麼說，不是因為仇中反外情結的無限擴張，而是就像我在此書中一再解釋的，是因為中國共產黨正在對美國進行的超限戰，對此中共有著絕對的信心。我們知道中共在背後出資贊助對美企業進行資訊竊取，我們也知道中共縱容且助長盜版事業，我們更知道中共無所不用其極的想要讓西方的技術轉移給中國。我們還知道人民解放軍在背後贊助數據全面竊盜。這所有惡意的作為，全都是由中國所操作的，我並不是在建議美國政府應該禁止所有中國人赴美，或者是建議美國政府大規模遣返滯美中國人。我只是在陳述事實，美國國務院要多花點時間和精神來改善通關檢查的過程。這個過程應該放慢速度、仔細徹底來進行。確定護照申請人是不是中共黨員，或者家人有沒有中共黨員，申請人是否在通訊產業或是技術產業工作？仔細比對他們的答案和問題，這樣才能保護美國的資源。

關於中國移民問題還有一個讓人感到不安的事：中國政府現在開始實行社會信用體系，所以理論上我們可以合理推論，中國政府會利用這當作控制旅美華人的把柄。藉由這個系統，中國政府可以逼迫人民，把他所得知的企業祕密、工業設計圖交給政府，老實說，有了這個當把柄，他有什麼要不到？只要威脅該中國人，要降他或他家人的信用等級，就可以了。根據《商業內幕》（*Business Insider*）的報導，中國已經用這個方式降了九百萬中國人的信用評等，這些人因此不得買中國國內線的機票。另外，也有三百萬人因為信用評等被降，而無法購買商務艙。也有報導指出，有狗主人因為信用評等被降，導致他的狗被強制帶走。社會信用體系是操控百姓的有力工具，中共再怎樣也非把它用在海外華人身上不可。

▼對抗中共在全球以金援之名行高利貸之實

中國開始從西方吸取大量投資後，這筆錢被他拿來進行金錢外交，進而影響非洲、南美、亞洲、甚至歐洲國家。斯里蘭卡的漢邦托塔港只是中國最眾目睽睽下幹的一樁強權行為。中資企業出錢出力來建造商港，之後又像是放高利貸的錢莊一樣硬逼還不起錢的受害國交出整座商港往後百年的營運權。這類被中國表面上說是協助開發、卻實際上是在嘉惠自己的國家有十多個，斯里蘭卡只不過是其中之一而已。

要改變這情形，要在許多方面下重手，從外交上的競逐到確保美國人的投資、非政府組織給中國的貸款，都沒有被中國挪用去幫他支付援外的經費。但美國國務院和非政府援助組織在協助打造新興國家上也應該學到教訓了。我們必須以長期連貫性的計畫來改善這些國家的社會，並發展與其邦交，這樣才能強化該區的經濟，增加民主政權的穩定性。讓一個國家的住民能夠獲得飲用水當然不錯，但是不能交差了事後轉身就走。中國這種援外的模式，其實給了美國在援外事務和發展方面很好的借鏡。

美國國會基金在許多國家都撥了開發飲用水計畫經費，但是卻沒有一個長遠的策略來幫助這些受惠國家，讓他們可以發展起來，並且讓他們和美國市場產生連結，讓美國創業家前往這些國家去創業做生意。可惜的是，美國在這方面的發展計畫往往都沒能成功。「能源非洲」（Power Africa）計畫，是結合政府和私人合作開展的非洲發展計畫，於二〇一三年由美國國際開發總署（USAID）發起，目的是要讓非洲國家能夠享有電力。這個構想本身很棒，可以讓撒哈拉沙漠以南地區的非洲人民生活獲得改善，因為這個地區有七成的人口都生活在缺少便利電力的情況下。這個計畫有超過二十個國家參與，包括伊索匹亞、迦納、肯亞、奈吉利亞、塞內加爾、以及南非。可是美國不能只是為這些國家建發電廠、鋪設電線。中國的幾家電信公司都已經在伊索匹亞設立手機工廠了。中國政府在肯亞鋪了鐵路，而且也靠著為該國建新的海港，而讓他得以深入肯亞這個位於東非的國家。

美國人應該要停止再花錢在國際間打仗，而該把錢用在國際間鋪橋造路。我們應該學學中國這方面的策略，去為別的國家建設，讓他們成為該地區為民主奮戰的堅固堡壘。要做到這點，就必須非常集中的將民主原則和自由市場原則結合在一起。因為一個國家在這樣發展的過程中，就能夠走向越來越透明化和開放。同時，要是投資和成長機會在這些援助計畫中出現，那不是同時也該讓美國的創業家坐收漁翁之利，畢竟我們就是出錢出力的人啊。我們不應該出錢出力幫人家弄好基礎建設後，反而轉身棄守，把建設拱手讓給中資公司來收割成果。美國要有策略的幫助建設而不要破壞，要讓美國的開發盟國以及投資該國的美國企業有利潤可以賺。

要幫助這些新興國家，還有很多經濟上的辦法，藉此可以讓他們由衷擁抱民主社會。前美國駐薩爾瓦多大使查爾士·葛雷澤（Charles L. Glazer）指出，在許多南美洲國家，說英文對於提高生活水平有很大的幫助，光是開發並推廣免費的線上英語課程，就可以讓美國在這些國家大有斬獲。而說到要在其國內發揮影響力，葛雷澤則指出，薩爾瓦多的國民生產毛額中有兩成是來自美國的薩爾瓦多裔移民匯回薩國的錢。葛雷澤相信，在美國境內的中南美洲國家移民，將能夠幫助美國形塑其祖國的政治環境。

最後，美國在面對中國在美國的種種活動時，可以恢復並重申門羅主義（Monroe Doctrine）。多年來，中國的漁船違反國際法令，在南美各國的海域進行拖網漁業，這些國家有些本身缺乏海軍和海岸巡邏隊的保護，一旦美國重申門羅主義這條近兩百年的政策，主張美國保留保護自己在南美洲的權益免受外力介入的權力，就可以向這些南美友邦保證，美國將會巡防他們的海域，必要時也會擊沉任何進行非法捕撈的漁船。要是這讓人覺得是採取外交上的強硬路線，那也沒錯。中國之所以會無意遵守國際法，也無意勸阻中國漁業公司的濫捕行為，以及竊盜智慧財產和仿冒，是因為他還沒有嘗到從事這些非法行為的後果和教訓。

▼美國國家基礎建設銀行

當美國各州和城市開始要投資在基礎建設方面，都會選定計畫，開始接受競標。在中國開放經濟並允許自由貿易、停止違反國際貿易法之前，任何有中資背景的公司都不能讓他得標，不能讓他在美國負責基礎建設工程。就是這麼簡單。

所有的中資企業，基本上都是掌握在中國共產黨手裡，讓這些公司在美國城市的交通運輸、輸水管線、或是電路網等公共工程得標，在我看來，說輕一點是政府瀆職、監督不周，說重話就是接近叛國的程度。把國內重大工程或是承包案子交給中資公司來執行，不等於是引狼入室，招來禍害嗎？諷刺的是，美國政府自己不都還在督促別的國家要提防和華為這類的電信公司合作嗎？美國企業界和地方政府自己也應該把這建議聽下去才是。

當中國正把大量金錢和資源拿來在國內鋪路、建城市、港灣、飛機場、以及企業時，美國的基礎建設卻一步步在崩壞中。二〇一三年美國土木工程師協會（American Society of Civil Engineers, ASCE）為美國的基礎建設評測，他們給的分數只有D+。那之後至今，美國並沒有針對道路、水壩、飲用水、能源和其他重要公共建設推動全國性的改善計畫。就因如此，所以當美國土木工程師協會在二〇一七年再次進行評測時，他們給出的分數還是一樣。美國在未來十年內，估計約需要五兆美金的預算來改善這許多方面的問題。雖然，基礎建設的穩定度，對於全國經濟和國家安全都至關重要，但這筆預算不是聯邦政府、州政府或是地方政府負擔得起的。美國一度相當穩健的國家經濟體質，過去足以提供充足稅基來支付美國各地的建設投資，現在卻都紛紛因為全球化的結果而外流。美國的工廠已久不見繁忙生產的景象。美國的投資文化現在都醉心於股市和追求短期獲利的投資模式。創造股息和促進股價增長變得比國家安全、或是社會福祉還要重要？這樣下去，美國政府怎麼籌得到預算，來為我們改善我們迫切需要的基礎建設呢？

我長久以來一直和財金界的成員合作推動成立一個叫做美國基礎建設銀行（Infrastructure Back for America）的計畫。與其仰賴左支右絀的聯邦政府撥預算，不如自己成立一個機構，以低利貸款和票據交換的方式，直接或透過州政府和地方政府，來為全美各地的基礎建設計畫募款。

這個基礎建設銀行，已經在國會提出立法程序（眾議院美國基礎建設銀行法案H. R. 3977條），銀行的監管權會交由美國聯準會體系（Federal Reserve System）的理事會來負責。以下是該法案的基本架構，該銀行應提供：

(1)直接貸款和貸款保證給私人機構，供其建造或維護具收益生產作用的基礎建設計畫之用；(2)間接貸款和貸款保障給州政府和地方政府，以及州等級的基礎建設銀行，供其在建造和維護基礎建設計畫之用。每筆貸款中至少應提撥7％的的金額以及貸款保障，以做為鄉村地區的基礎建設之用。

美國基礎建設銀行本身會由國內和國外的資金提供，同時也會有私募和政府金額。一個想法是，提供被用來支付銀行債券的海外所得匯回美國本土一個免稅期限，並提供初期股權投資於基礎建設銀行的投資者稅額抵免。

這是以集合民間力量來解決國家問題的方法。應該有更多類似的方式來解決改善社會所需資金的問題。基礎建設的投資，能夠為美國支付龐大的公債利息：這些計畫能夠振興就業率，增加國家生產力，改善稅基。一旦大家的薪資越來越高，那州政府和聯邦政府的稅收也會跟著增加。

美國歷史上出現過同樣的國家基礎建設銀行。一九三四年，美國「新政」（New Deal）時期的國會議員就通過《國家住宅法》（*National Housing Act*）。此法案的成立有兩個目的：藉由提供購屋者取得現金的方式，讓房屋的終止抵押贖回權不致於執行，這樣就能刺激房屋的持有率與建案增加；而現金的提供，則靠創建一間聯邦級的銀行，以發行低房貸抵押，這間聯邦級的銀行就是聯邦住宅貸款銀行（Federal Home Loan Bank, FHL Bank）體系。美國的住宅股票在當時因此飆漲到空前絕後的高度。這個法案因此締造美國建設業的水平，並為這個高水準的建設技術提供充分的資金，結果就是創造全世界最佳的住宅股。

我們現在也需要類似的產物。美國聯邦住宅貸款銀行體系是民營機構，資金募集和管理都由民間負責，因此不會受到政治風向的左右，可以確保金流穩定流入房市。我們所提議的美國基礎建設銀行，其營運目標之一，雖是提供低利率貸款供公家和私人開發之用，但我相信，基金經理人和經理公司會看好這個銀行，視此為一個穩定營利的機會，並會創造基金購買的需求，讓他們願意選擇投資在這家銀行，藉此讓美國的穩定、生活品質和安全得以維持。而之後的獲利肯定會證明他們的投資無誤。

當您在閱讀此章時，一開始可能會覺得，對抗中國共產黨的超限戰是一項極其龐大又複雜的任務。但其實，阻止我們進行這些保護措施的唯一阻礙，就只有我們在自己家裡的分裂、貪婪以及自滿。美國人應該儘快在愛國心的驅使下戰勝這些缺點，關心大家共同的福祉。容我在此將本章內容條列，略述如何保住我們未來和子孫天賦的自由的策略性步驟：

1. 勸退或禁止美國人投資、購買中資企業或其分支的上市和股票債券，尤其是那些會滋長中共超限戰的中資企業。
2. 創造一個良好的市場環境，以培植有著三星或易利信規模的企業，讓他們能在美國國內維持穩定製造生產的廠房。這也比較能夠保障企業不會被人安裝後門程式，藉此植入竊取或有損公司利益的通訊內容。

3. 創造美國人投資美國基礎建設和製造業的誘因。有多種方式可以達成這個目的：成立一間國家基礎建設銀行，提供稅賦減免，為工業和基礎建設債券提供資金，對不守法規以及不遵守公平貿易者維持永久關稅。

4. 規範5G網路的建構，以求能符合嚴格國家安全標準。美國需要安全無虞的資訊網路，要有能力做到將所有通訊內容都加密。

5. 立刻為太平洋地區出資興建C4ISR網路，這種最先進的軍事指揮與控制系統，這是為了維護美國的國家安全而建的設備。接著開始與我們的亞洲盟國一起製造並部署可移動式飛彈系統。

6. 特別成立一個政府機關來教育人民、商業界、以及美國盟邦關於中國對民主制度和基本自由的威脅。這個機關應該進行全國性的活動，去倡導財金與投資策略應與國家安全並重的觀念。企業董事會成員、股東、退休基金經理人、以及投資管理顧問公司都應該了解中國大型的經濟影響行動，以及在這些職位上，他們有可能成為助長中國為非作歹幫手的事實。我們需要大型的活動來提升民眾的警覺性，讓他們知道投資中國這樣一個全球最壓迫人民、封閉的社會，就等於是在投資一個暴政國家。在假新聞、假情報、以及訊息被駭的時代，美國需要建構一個可以確定文件和報告是真非偽的管道。有一種可以參考的方式就是「區塊鍊」（blockchain），這是一種點對點的程式，會記錄文件或程式上被更動的地方。

7. 建立一個機構內的檢查機制，以保護政治人物、政策制定人、政府官員、以及外國投資者不被中共和其下屬機構牽線，藉此防堵中國的黑手伸進美國，左右國內政局。

8. 重塑美國與全球開發中國家的關係，以長遠發展、合作互動為基礎，以對抗中國的一帶一路倡議。美國必須重新在跨國性金融機構如世界銀行和國際貨幣基金會中重新展現實力，以防止中國政府將這些機構當作自己的提款機來生財。

9. 和其他同樣價值觀的民主國家形成在自由貿易、民主原則、法治、人權、以及自決等議題上的共識。

10. 重新規劃美國軍隊的投資模式。美國目前花太多錢在炸彈和子彈上，我們其實應該花的，是在基礎建設、製造、STEM（科學、技術、工程、數學）、以及研究和設計。美國應該專注在5G、人工智慧、量子電腦之上。

11. 提升美國網戰司令部地位。美國網戰司令部應該被提升到和其他司令部一樣等級，做為第六個司令部，和陸軍、空軍、海軍、海軍陸戰隊、國家海岸巡邏隊同等的地位。

第十一章・打擊中國：以其人之道，還治其人之身

美國和全世界目前正處在一個關鍵性的轉捩點。中國的隱形戰目前已經進入其第三十年的活躍階段。這個隱形戰的目標是想要在二〇四九年前成為獨霸全球的霸權，也就是中國建政百年的那一年。這個年限已經近在咫尺，轉眼即至。美國和新的全球經濟體過去一直在無意之間成了中共的幫兇，幫助中國崛起。往好的一面來看，中國的豺狼野心如今已經昭然若揭，不再遮遮掩掩。所以，美國政府、美國政治人物、和美國財金界領袖該共同起來為美國的利益和原則奮戰，確保這撐起美國社會的基礎原則不被侵蝕。

美國和西方國家若想要消融中共對開放社會的致命威脅，必須要接受四個主要的觀念。不過，在我細述這四個觀念之前，我想要講述美國歷史上一個非常關鍵且具決定性的時刻。我希望藉此能夠提供一個基本的背景，好讓大家把未來所要面臨

的挑戰看得更清楚。

一九四一年一月六日，羅斯福總統在國務院發表一年一度的演說，這段演說一方面將美國的現況做了最新的整理，另一方面也將世界當前在希特勒攻擊下的局勢做了新的陳述。在總結當前美國所面對的威脅時，羅斯福其實很清楚，是在為國人做好美國即將投入戰場的心理準備。私底下，羅斯福早已認為美國無可避免需投入第二次世界大戰了，所以他早在一九三九年就敦促國會要解除禁止軍備銷往英國的禁令。當時他宣布，美國一定要成為「民主體制的最大軍火庫」，所以他請美國製造商要有開戰的準備。到這次的國務院演講時，羅斯福把這件他準備很久的想法公開讓全美知道，以這番演講做為對抗希特勒的工具，要抵抗希特勒破壞「民主生活型態……因為希特勒不僅用軍隊武器、也在祕密散布錯誤的宣傳，想要破壞目前還在和平狀態的國家之間的和諧。」羅斯福的演講提醒美國人孤立主義的危險所在。他甚至用幽默的話語包裝急迫的事實：「做為國家，我們可以為自己的心軟感到自豪，但不能因為自己拳頭軟而受害。」

羅斯福演講中最關鍵的一刻，出現在即將結束前的幾分鐘：「在未來的日子裡，希望能有確定的時程，我們期待看到一個建立在四個基本人類自由基礎之上的世界。」羅斯福緊接著拉高聲調，一一講出四個自由：

- 表達言論的自由
- 每個人都有依自己方式崇拜上帝的自由
- 免於匱乏的自由
- 免於恐懼的自由

在詳列這四個不可剝奪的自由後，羅斯福又加了一句，「不論在世界上的哪個地方都是如此」，以此強調這個想法，不僅是美國人所獨有的權利，這是人權，是每一個國家、每一個人應該享有的人權。

這份聲明，簡潔卻胸懷天下，讓人為之動容，讓這段演說日後獲得「四個自由演說」（Four Freedoms Speech）的美譽。這段演說在好幾方面都非常具有預言色彩，因為就在羅斯福陳述自己美好願景後正好十一個月後，日本在一九四一年十二月七日這天轟炸珍珠港，美國正式對日宣戰，為了美國社會核心價值的這四個自由對抗法西斯主義。在二次大戰結束後，羅斯福所揭櫫的四個自由，成為起草大西洋憲章和聯合國憲章（United Nations Charter）的核心概念。

羅斯福深信要靠諸國結盟，才能夠共同捍衛這四個自由。他的演說甚至摒斥美國不該獨斷獨行，想要支手贏得勝利的想法：「在如此艱困的年代，任何人若妄自尊大以為一個毫無準備的美國可以單打獨鬥，不費吹灰之力就撐住全世界，那是太不成熟、而且是非常錯誤的判斷。」羅斯福鼓吹組成一個跨國際的體制，共同強調法治以及和平對話。

美國至今依然支持由這四個自由所象徵的原則。其中兩個自由就深深刻在美國的憲法中。但是，眼下的世界局勢卻已然今非昔比。現在完全全球化的情況下，那個守法重紀的舊體制，已經分崩離析、逐漸頹圮了。只要追蹤一下現在全球金流的流向，以及影響力的來去，就會發現，在國際舞台上競逐的各國政府所面臨的勁敵，不僅僅有其他國家，也有跨國企業、非政府組織、犯罪集團，以及恐怖組織，這些團體都用非常快的速度，在打一場爭奪利潤、權力、以及控制權的混仗。

但是，所有的競爭者中，沒有一個比中國更反對這四個自由，也沒有一個比中國更寄生於國際體系，來增長他自己的經濟和軍事實力，表面上裝做一覆循規蹈矩的樣子，暗地裡卻滿腦子想搞破壞。

免於匱乏的自由，指的是能夠達成經濟穩定的能力，這是中共至今唯一有為他的人民做到的事。雖然同一份自由，許多西方國家也不應該忽視，但是，不能只有這項基本人權就滿足。言論自由、思想自由、宗教自由、出版自由，這些寶貴的基本自由，都被中國共產黨視為敵人。在中共的文獻中，更特別將之標出，視之為對於中共永久掌權的威脅。

因此，這就要談到羅斯福所揭櫫的最後一個重要自由：免於恐懼的自由。中共儘管表面上總是一副笑臉迎人的樣子，對全世界發散著互惠的訊息，但其實在其國內卻是靠著恐懼在統治人民，而不是靠法治。中共費盡心力要掌控人民，任何的思想、行動、自我表達都被視為違法。

中共是真心想要將自己的極權統治模式輸出到他國，對於人民什麼可以做、什麼不能做，他想讓全世界都照他的模式來進行。中共嚴密監控自己國民的一舉一動，社交媒體上的貼文和按讚、線上購物的內容、電子郵件的內容，全都透過數位手段取得。中共也監控全世界的社群媒體。很顯然，在我前面幾章詳述中共種種劣行之後，讀者也應該有所領會了，中共會在全球透過網路挖掘個人的資料，以讓他在控制經濟和政治成果方面的能力更趨於完善。

面對當前中國在全球發動行動，意圖左右各國政局的行動，和不顧一切施行詐騙、盜取、賄賂、以及壓迫手段，只為取得經濟和軍事實力的意識型態狂熱，羅斯福總統那番演說中有一段特別值得重覆一提，當然，羅斯福總統話中所指的威脅，是來自納粹德國的威脅：

雖然說來讓人相當不愉快，但是我覺得實在有必要向各位報告，未來，以及我們國家和我們民主體制的安全，全都和離我們國界很遠的事件密不可分。

當前在全球四大洲，許多國家都紛紛英勇的武裝起來捍衛民主。但萬一要是他們的捍衛之戰失敗了，那在歐洲、亞洲、非洲和澳洲的所有

人民和所有資源，都將落入入侵者的統治之中。我們要記得，這四大洲的人口和資源，遠遠超過西半球所有的人口和資源數倍之多。

羅斯福話中景況也同樣適用於今日。差別只在，要是我們對中國的抵抗失敗了，那連北美洲和南美洲，也都將連同四大洲一起落入中共的統治中。這段話在今日尤其適用，因為目前中國對於其人民的壓迫，已經濱臨可以被稱為後納粹主義的程度。中國對於宗教的禁令、對於穆斯林維吾爾族、藏傳佛教人民的監控和囚禁、對一般人民居家和出國旅游的監控、對於異議分子的監控。種種，全都是當年希特勒企圖控制全世界手段的翻版。中國唯一不同於希特勒的地方在於，納粹發動的是閃電戰、軍事實力、大屠殺，中國卻是用由敵人內部顛覆瓦解的手段，獲取敵國的經濟實力，非法取得技術轉移，網路入侵、控制他國基礎建設，政治上的強辭奪理，以及升級軍事部署等手段來入侵和征服全世界。

要遏止中國的超限戰，需要全美上下一心、心無旁騖的來進行，而且還要全球所有的盟邦也一起加入。自由的未來現在已經岌岌可危了，但這次若想贏得這場戰役，那就要在自家的國界裡打仗。

我估計我們現在只剩下三年的時間可以採取行動。要是美國不能和中國複雜的操縱對手行動澈底脫勾；要是美國不能減少在中國的投資、或是解決本國基礎建設不足的問題；要是美國對提供實質工作、確保安全、以及資料的隱密性等作法上，對於保護公民的投入和用心，比不上中國想要獲取這些東西的迫切性；要是美國不重新修定外國主權豁免法（*Foreign Sovereign Immunities Act*），來維護美國企業和在中國境內和中資企業做生意的法律保障；要是國會和高等法院無法重新修法，防止中國用金錢來影響美國政治動向，操縱、左右選舉人團意願——那美國就會淪為中國國內和國際政策的魚肉，任人宰割。到頭來，我們終將失去那四大自由。

到目前為止，中國的行動一直都掩蓋在由各種謊言所交織成的外衣之下，大家回想一下，本書中先前提到那位被開除員工的事，他只因為在推特按了一個讚就被開除了，還有由美國政府出資成立的廣播電台，播放的節目居然被迫取消中斷，國會議員竟然願意為中國粉飾其西藏處理作法還拍照宣傳等等例子。這些中共在美進行顛覆性、反美的行動，隨著中共越來越有自信，變得越來越明目張膽了。慢慢的，美國的政治人物都會逐漸被中國滲透而變質，終有一日防堵惡水的水壩會潰堤。沒錯，目前美國的憲法還能夠起些作用，提供一些保障，可是這層保障的基本假設是，政治程序可以不受到中國的影響和操縱。然而，我們在書中稍早的例子裡已經看到，中國為了要達到目的，會無所不用其極。

其實，在很多地方，有些美國政界領袖早就已經淪陷了，我為文至此的同時，喬・拜登已經登記參選二〇二〇年的美國總統大選。但到時候，不管他要為自己和兒子之間和中國的關係說什麼，我們都應該打上大大的問號。我這麼說並不是看不起拜登的人格。我相信以他的人格，是絕對不會出賣美國的。但是我卻也相信，他誤判了情勢，就跟很多在華盛頓首府的政界高層一樣，他們都搞不清楚中國背後真正想圖的是什麼，也不知道中國在美國的經濟文化滲透有多嚴重。中共的目的，是要取得技術和政治實力。要是拜登知道這些的話，就會要他兒子別去當中國銀行出錢投資成立的創投基金老闆。為了不讓大家以為我都只拿民主黨人開刀，請大家回去看本書第一章中，我已經詳細提及共和黨參議院領袖米契・麥康納和他的夫人趙小蘭的事，趙小蘭目前擔任美國運輸部長，他們夫妻和中國之間盤根錯結又可疑的關係，比起拜登來，只有過之而無不及。美國總統，不管是誰，都應該了解到，中國是世界上最口蜜腹劍的敵人。中國是一個會對你展開笑臉、帶來禮物，但是卻會在背後捅刀的國家。當年柯林頓擔任總統、高爾擔任副總統時，中國就這樣幹了，布希擔任總統、錢尼任副總統時也是，到歐巴馬和拜登任期時也一樣。美國需要選出能夠了解中國狡詐陰險、以及其威脅性的領袖，而且還必須要適當回擊。

二〇二〇年的美國總統大選會是扳正中美權力平衡的契機。把握這個機會，就能夠重塑美國，保護西方國家——應該說是全世界，免於落入獨裁政權的手中連嘴上提及四大自由都不被允許。這次選舉會是美國的大好機會，讓它可以重來，讓原本依投資人決定而放棄的製造業起死回生，同時也能帶動許多美國都市的生機。至於在政策上，讓中國問題成為全國性的議題，採取必要的措施來捍衛我們的創造力、想法、資訊以及資本，這樣的動作將能夠大幅修正之前四十年來一直深自為害美國的許多問題。

美國要依以下四個基本概念，從根本做起，施行連續性的政策：

1. 有原則性的領導風格

強調四個自由的合法性，這點至少在國內一定要做到，如果能夠讓多國都一併做到更好。也就是說，美國必須強化國際貿易體制的規範和常規，只要是違反這些規範的國家，就不准它進入我們的社會和經濟體，或者就要直接加以處罰。要將自由市場原則和民主常規做結合。

2. 強化美國本土

全國性的基礎建設一定要獲得重建，軍事優勢也要重新建立，要保護國界，照顧人民，同時重新取回對於未來美國財政的掌控權。

3. 組織動員以面對競爭

二十一世紀的政府要能夠充分跟上資訊和數位時代的要求。政府要全力支持並不計一切代價保護新創。要有能力偵測到數位盜竊、盜版、擾亂金融以及價格詐騙。要和私領域密切合作，來保障經濟的活力以及企業基礎的安全性。

4. 重建國際秩序

主張由四大自由支持的紀律性秩序，基本上是正確的。問題是當前國際秩序無法勝任維護國際秩序的工作。使用自由世界的創新、思想、資訊以及資本所發展出來的工具，必須致力於共同監督和加強上，以此推動獲致永久和平的共識。

美國的政府、兩黨必須齊心協力，這是一個不分黨派、要共同面對的問題，不要為了誰當政的事吵。我希望全美各地的每位候選人都能好好研讀羅斯福這段演說，在那之中，他為美國勾勒美好的藍圖，更把「無關黨派」連講了三遍，以特別表示他對區分黨派的作法不以為然。我們所擬定的中國政策，未來一定要能夠被全體所採納，包括總統、參議員、眾議院、最高法院以及全體美國人民。

藉由興建基礎建設、撥出專款給研究和發展，以及限制特定對國家安全極重要的產品，只能在美國境內生產，藉由這些作法，就能促進創造國內工作機會，以及技術創新。透過以常識執行平衡環保與生產，美國可以同時兼顧氣候異常的議題。讓製造業重返國內，也就能夠提振地方經濟。而且不是在國外製造，工資不是付給外國勞工，同一筆錢就可以拿回來付給本土勞工，這些錢就留在美國，其中部分就會成為國家稅收。這沒什麼不好的，因為這些稅收就可以拿來建造更多的基礎建設，重建美國軍力。

投入戰爭的成本有多高很容易被人遺忘，羅斯福總統就在他的演說中將這件事說得很清楚：

我呼籲大家要犧牲小我，但我深信，全體美國人應該都對這番呼籲發自內心由衷的回應。

我所稱的犧牲，有一部分也包括要多交些錢來貢獻稅收。我在之後的財政預算質詢中也會建議，要把國防預算的金額，拉高到比目前的金額更高。我不會容許任何人有機會從這個預算中找到機會自肥。而稅制的分擔方式，則應該以公開透明的方式攤在大家眼前，經過充分討論後才立法行政。

只要國會能夠維持這樣的原則運作，選民在稟持愛國心、將荷包暫時擺一旁的同時，也會為各位議員的努力喝彩。

因此，一份非常積極的中國政策，必須要美國人在政治上和全民的團結。只能這樣，沒有別的辦法。可是，光做到這樣還不夠。與中國的經濟戰對抗，還需要以**不同的**眼光來看待做生意這回事，這需要澈底改變美國社會對於所謂的信貸責任的看法。金融監管機關需要修改現行的獎勵制度，這樣華爾街股市、美國企業、以及社會事業投資者才會改變現行的金融文化和金融心態，不再像以前一樣，只是一心一意著重在利潤、成長、以及股票市值，以此做為成功的唯一衡量標準。

此話並不是在說，我們就應極端改變現有的貿易規定和動機，這只是在說，拿資本給中國等於是肉包子打狗，有去無回。除非中國有所改善，去中國投資不僅是浪費錢，更會助長美國企業的中資競爭對手。他們一心只想接收美國市場的市占率和營收，現在就已經有數十億以上投資人的美金被中國綁住，匯不回美國。我已經跟各位說過那位半夜擔心到睡不著的銀行家，他擔心，因為他不知道要怎麼把在中國的錢匯回去。像他這樣的人可不是只有他一個，許多企業，都是一些大型的跨國公司，當年都是帶頭投資中國的，如今也都面臨著同樣的問題。這些企業全都閉口不談自己有數百萬美金卡死在中國出不來的事，因為他們怕萬一把事情說出來，他們的股東會不高興，還會導致公司的市值會變低，有些甚至變得非常低。一個公司一旦發生這類的事，往往是連總裁都要走路的，還會害股東面臨數十億的損失。從這角度來看，就會很清楚，將錢投資在中國這個龐氏騙局，等於就是在金融信貸上的不負責任。如果你說你的公司收益只能在中國用，不能兌換成其他可以轉帳的現金，那這樣的收益，不管用再如何傳統的觀點去看待，都不能算是收益。

有實力的大公司應該把公司搬離中國還有別的原因，在中國進行研究、發展、製造，就是把自己對智慧財產的控制權割讓給中國，這樣的情形在過去三十年來已經屢見不鮮，偷竊智慧財產或是被併購之類的事時有所聞。而這樣的事，事實上是會減損公司的市值的。中國完全沒有環境評估的標準，也沒有工人安全保障，這兩者也會影響公司市值，而且還會讓公司冒著成為破壞環境和罔顧勞工權益幫兇的危險。更且，隨著美國越來越能夠曝露出中國邪惡的目標，這些公司等於是在冒著財務上的風險。因為，要是脫勾中國是政府政策的一部分，而且事實上也應該要是，那麼到時候在中國做生意的美國公司，就會成為美國人抽回資金的對象。

至於華爾街靠著賺取任何交易案佣金的股市和金融仲介商，他們也應該停止唱衰美國、高捧中國的行為。沒錯，身為仲介業者，理當要為自己的客戶說好話。畢竟每一筆交易都能為仲介商的他們帶來一筆佣金，所以新的市場、新的上市公司、新的債券就能為他們帶來更大的獲利。可是這每一毛送往中國的投資者的錢，都只會更加縱容中國做為不守規範分子的機會，也更加讓西方世界不穩定。下面這句話我之前說過兩次了，但再說一次也不為過：換作是在第二次世界大戰時，華爾街會願意幫德國政府發行債券招募資金嗎？公共機關投資人會願意拿美國人的退休基金去買這些德國債券嗎？死也不會吧？華爾街要認識到，美國現下就是在和中國進入經濟作戰的情況，而他們鼓吹投資人買中資公司的股票，這些公司背後大老闆都是中共，所以這樣的投資行為，就等於是在資助敵人。我講這話可能大家聽了不舒服，但卻是千真萬確的。

要是華爾街不願意自我約束，那就要靠政府規範來保護美國大眾，以免受到那些從事於不自由貿易行為的金融機構欺騙。美國證券交易委員會、商務部、美國財務會計準則委員會（FASB）、美國公眾公司會計監督委員會（PCAOB）、美國國庫、國務院、聯邦調查局全部都要動員起來，監視美國的證交市場中不守規矩的、進行網路攻擊的、智慧財產竊盜的以及仿冒的行為。中國已經從事這些活動數十年了，包括限制資本流動、從事審計和公司市值的作假，竊取智慧財產，但每次都讓他全身而退，毫髮無傷。美國政府需要制定全國性的政策，以防止這種「隨時隨地都在做不良勾當」的行為。

該有所改變的，不只有華爾街的期貨貿易商。美國政府各機關，包括美國軍隊、國務院、情報界，全部都要改頭換面。過去那種不問青紅皂白制式發簽證給中國遊客的方式一定不能再繼續下去，不能再隨意發給中國遊客十年簽證。這些中國遊客可以來美國歌誦美國的自由，但他們同時也要接受監視。雖然說監視感覺很不好，但美國這樣做不是在壓迫外國人，而是美國積極起來對付一個聲稱可以徵召人民進行情報任務的國家。只要中國有一天洗心革面了，只要他願意守法重紀，不再毫無忌憚的剽竊、發動超限戰、壓迫他的老百姓，那美國就可以為中國人民開放我們的移民政策。

而且，就如羅斯福所言，這不是美國自己就做得來的。要是美國限制讓美商資金投入中國，但歐洲各銀行卻敞開金庫大門，任由中國吸取資金，那中國還是不會感受到需要改變的迫切性。同樣的，要是波斯灣地區的產油國也對中國敞開大門投資，那也是行不通。所以，美國一定要號召盟國以及跨國機構，要讓他們明白中國正在進行的超限戰及其後果。美國一定要和志同道合的友邦合作，讓世界貿易組織、聯合國、國際貨幣基金會、世界銀行、以及其他大型國際機構看到中國狡詐、不講信用、充滿敵意的犯罪行動所留下數也數不清的證據。中國總是裝出一張柔順乖巧的臉孔，其實全都是在戴著假面具在演戲，面具底下藏著的，卻是鐵了心、機關算盡要刻意違反國際法規的意圖。因為他這樣的演戲，讓原本互相連結的現代世界被撕裂、破碎。中共的假意奉承，不僅僅動搖美國根本，像中國這樣一個拒絕人民享有基本人權，試圖防止外國公司在其市場進行自由競爭的國家，任何自由國度，都不應讓自己開放社會所孕生的創新、想法、資訊以及資本，送給像中國這樣的國家。

身為父親，我就像各位當父親的人一樣，我也想要自己的孩子成家立業、結婚生子。但是眼前的未來卻讓我擔憂害怕。身為空軍退役將領，我宣誓過要報效自己的國家，不論執政的是哪一黨。到現在我還是謹遵誓言。我坦承，有很長一段時間，我也曾經是製造美國當前問題的一分子。因為我誤信中國再怎樣也不會傷害到美國，應該會是個做生意的好夥伴，所以我也曾夢想過有一天可以和中國企業做生意。在我從空軍退役後，我也計劃過要搬回曾經服務過的中國，跟許多美國人一樣，到上海去做生意發大財——還好當時我改變了想法。我以前和很多人一樣，對於那些批評美國社會的人不當一回事，不認為美國社會很多問題是起於大企業或是聯邦政府。

但我現在不會不當一回事了。美國過去一直只看到利潤而無視一切。就如本書稍早所提，因為倫敦和紐約遊走在政界的權力掮客作嫁，讓中國的廉價勞工成為世界工廠的苦力，他們搶走全世界的工作，再把他們生產的廉價商品回頭賣給西方，買這些東西的人，則是因為他們而失業的西方人口。從這一步開始，中國開始大賺追求收益、貪婪、信奉要增加股東價值的西方世界的錢，越賺越多。

要數落誰是始作俑者的話，那可要數上好大一圈。但我覺得重要的是怎麼解決，不要再怪東怪西。要是本書為了幫助大家了解中國行徑時，偶爾提及政治人物或是企業失職或錯失良機，那是因為我想要解釋美國是怎麼走到今天這一步的。同時，也是因為我真的對他們失望透頂。

美國的建國先祖所企圖打造的國家，遠比現在的美國更融洽和諧，為此他們寫下美國憲法做為導引，因為有這部憲法，讓美國在過去兩百年間不斷蛻變，朝著更完美的境界演進。那份推動著美國走到今天的自由願景，始終讓我深深感動。

可是，這份願景如今岌岌可危。

如果，藉由不斷的股票和債券買賣來開發市場、創造股東價值、增加收入，變得比保護天賦自由人權和國家安全重要的話，那美國就問題大條了。

我希望這本書能夠在美國的讀者、以及熱愛自由國家的人民之間引起共鳴，希望他們都能跟我一樣，珍惜並重視人權法案以及羅斯福總統所標榜的人類四大自由。正因如此，我提筆寫了這本書：因為我愛美利堅合眾國存在的這個奇蹟，這個不只在每年七月四日歌頌自由，也在每天當我們可以想自己所想、愛自己所愛、說自己想說，並向自己信仰的神祈禱時都能歌頌自由的國家。

為了這份自由，美國要比以往更認真、更快速、更聰明的動起來，保護這片自由的土地。我相信我們一定辦得到。但美國的領導人一定要採用比我們的對手更積極的策略，而且全美也要有犧牲短期投資獲利、物資短期間不再低廉的心理準備，這是為了一個能保障我們自由的未來所做的犧牲。

對我而言，這樣的選擇想都不用想、義無反顧，老實說，這根本就不該當成一個選項。因為我們只有一條路可走，那就是用這方法一直這樣下去，直到中國願意停止它過去那些毫無休止的侵犯行為。我們要不計代價阻止中國獲取實力，不然，就等著要活在一個連手裡拿著書都會被政府視為犯法而被逮捕的社會，而這本書，可能是聖經、可蘭經、薄伽梵歌、華氏四五一度、小熊維尼。逮捕的原因呢？只因為政府看這本書不爽。

到時候，連思想的自由都被剝奪了。

謝辭

感謝史黛芬妮和我們一家人，因為他們的愛和支持，讓這本書得以成形。賽斯．考夫曼說過的話，在本書的字裡行間回響著，一再證明他的微言大義之正確，本書若有一點文學上的優點，都該歸功於他。我也要向數百位接受我訪談，論及美國民主困境的人士，表達我深摯的感謝和敬意。希望書中我能夠忠實寫出各位的擔憂、見解以及痛苦。最後我希望對美國政府在任和退休公職人員表達敬意，以及與他們持續合作的情誼，有他們每日為自由奮戰，才得以保存我們的共和體制。不管是現在或將來，我都會保護各位。

隱形戰
中國如何在美國菁英沉睡時悄悄奪取世界霸權
Stealth War:
How China Took Over While America's Elite Slept

作　　者　羅伯・斯伯汀（Robert Spalding）
譯　　者　顏涵銳
總監暨總編輯　林馨琴
責任編輯　楊伊琳
行銷企畫　趙揚光
封面設計　陳文德
內頁設計　賴維明

發 行 人　王榮文
出版發行　遠流出版事業股份有限公司
地　　址　臺北市南昌路2段81號6樓
客服電話　02-2392-6899
傳　　真　02-2392-6658
郵　　撥　0189456-1
著作權顧問　蕭雄淋 律師

2020年01月01日　初版一刷
2020年02月01日　初版三刷
新台幣380元（如有缺頁或破損，請寄回更換）

ISBN　978-957-32-8692-9

遠流博識網　http://www.ylib.com/
E-mail　ylib@ylib.com

隱形戰：中國如何在美國菁英沉睡時悄悄奪取世界霸權 / 羅伯 . 斯伯汀 (Robert Spalding) 作，顏涵銳譯 . -- 初版 . -- 臺北市：遠流，2020.01
面；　公分
譯　自：Stealth war : how China took over while America's elite slept
ISBN 978-957-32-8692-9(平裝)

1. 美國外交政策 2. 國家安全 3. 中美關係 4. 二十一世紀
578.52　　108020997

國家圖書館出版品預行編目（CIP）資料